図書館は生きている

도서관은 살아 있다

図書館旅行者
パク・キスク
朴基淑

柳美佐 訳

原書房

図書館は生きている

目次

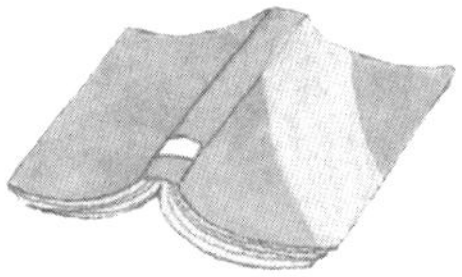

はじめに

私が最初に勤めたアメリカの公共図書館には、障害のある人たちがボランティアとして働いていた。週末になると図書館に来て、返却カートに置かれた本を並べなおしたり、児童書の本棚を整理したりしていたのはダウン症のある人たちで、こんなふうに障害者が支援の対象ではなく、支援する側として働く姿を見るのは初めてだった。でもアメリカの図書館では、障害のある人たちの話し方や行動に驚いたり、じろじろ見たり、いやそうな顔をしたりする利用者を一度も見かけなかった。

カリフォルニア州の公共図書館で司書として働いている間、私はさまざまな人たちの「人生を読む」機会に恵まれた。赤ちゃん、幼児、児童、青少年、成人、高齢者、移民、障害者、ホームレス、薬物依存症者、精神疾患を抱えた人。図書館はこうした利用者の「人生を読む」場所であり、訪ねてくるすべての人たちを快く迎え入れた。そんな場所で働きながら地域の人々に対する理解と共感を深めることができたのは、私にとって、本だけでは学ぶことができない貴重な経験だった。

図書館は本を読むだけでなく、自分とは異なる他者を「読む」場所だ。あらゆる世代と階層の人たちが利用する公共図書館は、日々多彩な活動が繰り広げられている、まさに生きて躍動する空間で、地域の人たちが互いにコミュニケーションをとり共感を育てる空間でもある。

そんなすべての人に平等に開かれている図書館にも、依然として社会的不平等は存在する。だからこそ、福祉からこぼれ落ちる人がないように図書館は社会的弱者に配慮し、彼らを助けるために絶え間なく変化しようとしている。自分にとって当然の権利が、誰かにとってそうではないなんてことがあってはいけないからだ。先進的な図書館は、書架を低くして通路を広げ、車椅子の利用者も他の利用者と同じように書架をめぐりながら本を選ぶことを楽しんでもらっている。

私はずっと前から、本を通じて読者とこんな話をしてみたいと思っていた。公共図書館の役割と社会的な責任とは何か、図書館で見る司書と利用者の日常はどのようなものか、利用者がどんなふうに図書館に息吹をもたらすのか、図書館の空間はどう進化していくのか。

建物や蔵書の話よりも、にぎやかで活気あふれる図書館の日常について話してみたい。世界で最も美しい図書館百選よりも、私たちが普段訪れる公共図書館で、一体どんなことが起こり、どんな話が聞こえてくるのか、一緒にここで語り合ってみたい。今はもう司書の仕事はしていないけれど、利用者として、旅行者として、そしてときには図書館批評家としての目線で、一歩離れて図書館を眺めている現在のほうが、実務に追われていたときよりも図書館の活気を感じることができる。

未曾有《みぞう》の都市封鎖まで引き起こした新型コロナウイルスパンデミックに対応しようと、図書館はさまざまな変化を見せた。まず、図書館という場所に行かなければ受けられなかったサービスを減らしてデジタルサービスを広げた。また、アメリカの大人たちがトイレットペーパーを買いだめする一方で、ある児童は八一冊の本を借りた。フロリダ州にあるガルフポート公共図書館で働く一人の司書が、休館直前に訪れた本の虫の児童に、貸出限度を設けず読みたい本をすべて借りることを許可したのだ。司書たちは「地域の居間」を失ってしまった社会の、最も弱い階層にいる人々を助けるためにできる限りの努力をした。自転車で地域の利用者たちに本を届け、恵まれない住民たちに駐車場で食料品を配布し、子どもたちにはドローンで本を配達し、情報にアクセスできない人たちにノートパソコンとＷｉ‐Ｆｉを提供したこともある。こうした多彩な変化の中でたったひとつ変わらないことがあるとしたら、「地域住民がコミュニケーションをとって成長しながら、より良い世界を共につくっていく公共の空間としての図書館」であり続けることだ。図書館を存続させるには地域住民の関心が不可欠だ。図書館を支援する最も良い方法は図書館を利用すること。この本をきっかけに誰かが図書館に足を向けてくれるなら、それ以上に嬉しいことはない。

さて、突然ですが、この本を開いてくれたみなさんにクイズをひとつ。世界で最も高い建物は？　正解は……図書館。なぜなら、そこにはたくさんの物語があるから。これはアメリカンジョークのひとつで、「物語」と「層」の両方を意味する単語「ストーリー（story）」が、中世ヨーロッパで建物の各階の窓に絵で物語を記したことに由来する。

アルベルト・マングェルは『図書館　愛書家の楽園』（二〇〇八年、白水社、野中邦子訳）という本に次のような言葉をつづった。「人がこれから先も自分をとりまく世界に言葉を与え、未来の読者のために蓄積しつづけるかぎり、図書館はこのまま生き残るだろう」。小説家オルハン・パムクは著書『他の色（*Öteki Renkler*）』で、世界を文章で表現する理由をこのように説明した。「図書館が永遠に存在して、その書架に私の本が並べられることを純粋に信じるから書くのです。人生、世界、すべてのことが信じられないほど美しく驚異的だから書くのです」。

未来の読者のために、図書館がこの本を大切に保管してくれればと願っている。たくさんの人生の物語が込められた、世界で最も高い建物の書架のどこかに、私の本が並ぶことを純粋に信じてみたい。図書館は生き残り、この先もずっと存在するだろう。図書館は永遠だ。図書館は生きている。

本書で日本の図書館を紹介できなかった点についてご了承いただきたい。近い将来、日本国内の美しい図書館を訪ね、読者のみなさんにご紹介できる機会があることを心から願っている。

この本を日本の読者に届ける機会をくださった原書房とクオンのみなさん、そして私がつづった文章を丁寧に日本語に訳してくださった翻訳者の柳美佐さんに特別な感謝を伝えたい。

最後に、日々利用者を迎え入れ、図書館を守る司書のみなさんに心からの応援と感謝を贈りたい。彼らに本書を捧げる。

二〇二三年一一月

図書館旅行者　パク・キスク

司書は元祖検索エンジン

「司書という人たちは、いろいろと物を知っているものよ。その知識で、人々を正しい本のもとへ連れていく。言ってみれば水先案内人のようなものだわ。検索エンジンみたいに、ほんの少しのヒントで必要な答えへと導いてくれる」

——マット・ヘイグ『ミッドナイト・ライブラリー』（二〇二二年、ハーパーコリンズ・ジャパン、浅倉卓弥訳）

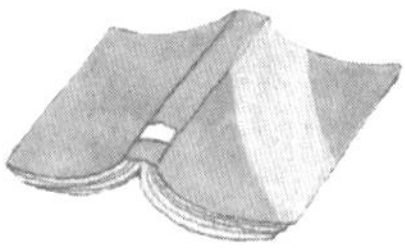

「一九三九年夏のある日、四十二丁目と五番街の角の図書館に行ったあと、わしらは一休みしようとブライアントパークに寄った」。ポール・オースターの小説『ムーン・パレス』（一九九七年、新潮社、柴田元幸訳）に出てくるニューヨーク公共図書館は「ティファニーで朝食を」「タイムマシン」「スパイダーマン」「ニューヨーク公共図書館 エクス・リブリス」など、映画にもよく登場するマンハッタンの名所だ。ニューヨーカーに交じって観光客も多く訪れるこの図

書館は、建物の中も外もたくさんの人で賑わっている。

では、私たちも今から行ってみることにしよう。

「OKグーグル、ニューヨーク公共図書館を探して」

言い終えると同時にスマホの画面に検索結果が並ぶ。グーグルマップの衛星写真を拡大すると、ニューヨーク公共図書館とブライアントパークが見える。図書館の裏にあるこぢんまりした都会の公園は、真夏には芝生に寝そべって日光浴をする人々であふれ、真冬にはソウルの市庁前広場のように簡易スケートリンクが設置されて、氷の上で滑って転ぶ人たちでいっぱいになる。

色とりどりの服で眩《まぶ》しいブライアントパークの写真と図書館の外観の写真を見ていると、ふとニューヨーク公共図書館のシンボル、ライオン像の由来が気になった。グーグルで検索してみる。「フリーの多言語インターネット百科事典」であるウィキペディアには次のように書かれていた。「正門前に置かれた二体のライオン像は、母体となった二つの図書館の名前をとって、それぞれアスター（Astor）、レノックス（Lenox）と名付けられた。一九三〇年代の世界恐慌の頃には、〈忍耐〉と〈不屈の精神〉という別名がついたこともある」。

検索結果を読みながら、映画「ティファニーで朝食を」でオードリー・ヘップバーンがギターを弾きながら歌っていた曲をなんとなく思い出してハミングしてみた。するとグーグルがいきなりアンディ・ウィリアムスの「ムーン・リバー」を検索してくれる。便利で不思議な世の中だ。

グーグルの検索窓がまだ開いてなかった時代、人々は図書館のドアを開けたものだ。気になることがあれば司書を訪ねて、それこそ「なんでも」訊いた。くだらないとかとんでもないとかと怒り出す司書はいなかったから。

利用者の質問やリクエストに応える業務を、アメリカの図書館では「レファレンス・サービス」と呼ぶ。一八八三年にボストン公共図書館で始まったサービスが各地へ広がったもので、司書が最も時間をさく業務だ。ニューヨーク公共図書館の日常を切り取ったドキュメンタリー映画「ニューヨーク公共図書館 エクス・リブリス」の冒頭では、実際に司書がレファレンス・サービスにあたる様子を見せてくれる。一角獣のユニコーンについて電話で質問する利用者に、司書が真面目な表情で答えている。「ユニコーンが想像上の動物なのはご存じですよね？ 一二二五年にさかのぼると……」皮肉っているのではない。正確な情報を相手に配慮しながら伝えているのだ。司書はユニコーンの存在を信じる人が地球に存在するという事実を信じる。いや、信じなくてはならない。

二〇一四年、ニューヨーク公共図書館の職員が、一九四〇年代から一九八〇年代までの利用者質問カードが入った箱を偶然発見した。昔の司書たちが受けた質問はこんな感じだ。

「イヴが食べたリンゴの種類はなんですか?」(一九五六年)
「プラトン、アリストテレス、ソクラテスは同一人物ですか?」(一九五〇年)
「ギロチンはどこで借りることができますか?」(年代未詳)

昔も今も、レファレンス・サービスに従事する司書にとって最も重要な資質は、限りない人類愛と忍耐力だ。先の質問に対する答えは、昔の利用者たちの好奇心を現代の司書たちが解決してまとめた本『ニューヨーク公共図書館に寄せられたおかしな質問(*Peculiar Questions and Practical Answers: A Little Book of Whimsy and Wisdom from the Files of the New York Public Library*)』の中で解き明かされている。

ニューヨーク公共図書館は、利用者から頻繁に寄せられる質問を選んで『ニューヨーク公共図書館卓上便覧』を作成した。長きにわたり司書を助けてくれたこの本は、検索エンジンとデジタル資料の波に押されて存在感を失った。ニューヨーク公共図書館のローズ中央閲覧室にある一万四八〇〇種類の参考資料も同じ運命にある。

しかし地球温暖化により氷河期がやってきたら、この分厚い紙の本がひょっとしたら再び役に立つかもしれない。というのも、災害を描いた映画「デイ・アフター・トゥモロー」では、図書館の建物と紙の本が今とは全く異なる役割を与えられている。突然の気候変動によりニューヨークが大寒波に襲われると、押し寄せる津波から逃げようと公共図書館に避難した人々が、寒さのあまりローズ中央閲覧室の書架から本を抜き出して暖炉で燃やし暖を取るのだ（図書館は地球最後の日まで私たちにぬくもりをくれる場所である）。その最中に、ある女性の顔色がおかしいことに気づいた司書が、医学書をかたっぱしから読んで、ついに彼女が急性敗血症であることを突き止める。そして「本は燃やす以外にも役に立つものよ」と言い、人々は図書本来の役割を思い出す。もしかすると図書館に所蔵された紙の本は、人類の最後の瞬間まで質問に答えてくれる道具かもしれない。

　私が新米司書になったのは「ググる」という単語が生まれる前だった。毎日三、四時間ほど案内デスクで利用者と向かい合い、クイズショーに出演しているつもりでレファレンス・サービス業務にいそしんだ。「えんどう豆の缶詰に含まれるマグネシウムの量」や、「ハイヒールの一種であるスティレットヒール（Stiletto heel）の語源」など、知ったところで使い道のなさそうな質問に答えるためにあらゆる資料をひっくり返して探したものだ。

　司書たちが受ける質問の中で最も多いのが「図書館にこの本ありますか」というもの。本のタイトルを正確に覚えている人は意外と少ない。『ノートルダムのせむし男』（*The Hunchback of Notre Dame*）を「ダムでなければせむし男」（*The Hunchback if Not a Dam*）に、『種の起源』（*On *the Origin of Species*）を「オレンジとピーチ」（*Oranges & Peaches*）に、『アラバマ物語（ものまね鳥を殺すのは）』（*To Kill a Mockingbird*）を「ものまね鳥の殺し方」（*How to Kill a Mockingbird*）あるいは「テキーラ・モッキングバード」（*Tequila Mockingbird* 先日書店でこのタイトルの本を見つけて驚いた）に、『ハンガー・ゲーム』（*The Hunger Games*）を「ハングリー・ゲーム」（*The Hungry Games*）に、『三銃士』（*The Three Musketeers*）を「三匹の蚊」（*The Three Mosquitoes*）に、勘違いする人もいる（本で読んだ実話）。綴りが間違っていても自動的に修正して検索してくれるグーグルのハイテクノロジーに依存するずっと前、利用者たちは司書が持つ書誌情報に頼っていた。司書はタイトルの単語をいくつか聞いただけで利用者が欲しい本をさくさくと見つけてくれる。「伝説の故郷」へ行ってくれと言われた韓国のタクシー運転手が、ソウル南部にある芸術文化施設の「芸術の殿堂」までちゃんと連れていってくれるのと同じだ。

逆に、利用者がタイトルを正確に伝えてくれているのに戸惑う司書もいる。何を隠そう私のことだ。ふだん成人閲覧室を担当している私が、支援要請を受けて児童コーナーのレファレンス業務についたある日、ひとりの小学生が案内デスクにやってきてこう言った。

「『女子トイレに男の子がいる（*There's a Boy in the Girls' Bathroom*）』ってありますか？」（日本語版は『トイレまちがえちゃった！』一九九八年、講談社、唐沢則幸訳）

やや衝撃的（？）な言葉に思考が停止してしまい、私は目を丸くしてその子を見た。

「ルイス・サッカーの本なんです」（最初から著者の名前を言ってほしい）

慌てて女子トイレに駆け込まなくてよかった。

レファレンス・サービスを担当するときには、どんな書名にも動じない図太い神経が必要だ。司書が一番困るリクエストは「タイトルもわからない、著者もわからない、でも絶対に探してほしい」というもの。もちろん私も言われたことがある。

「先月この貸出デスクの前に展示されていた赤い本、タイトルはなんだったかな……探してもらえます？」

こんな質問を受けた日には、例のあの無限の人類愛と忍耐力が切実に必要になる。私に課された試練に打ち克《か》たんと、先月の展示を企画したアシスタント司書から書架整理のボランティアの人まで「赤い本」の正体を知っていそうな人をすべて召喚する。

「先月あったデスク前の展示書架は誰の担当でした？」

「Gさんじゃなかったかな？　今日はお休みだから出勤してませんよ」

「展示テーマは何だったっけ？」

「経済経営関連の図書だったと思います」

「書架にあるかもしれないから一度確認してみましょう」

しばらくして、

「もしかしてこの本ですか？　ジム・コリンズの『ビジョナリー・カンパニー2――飛躍の法則』」

「そうです！　それです！」

どんなに突拍子もない質問であっても、司書は集団知性の力を信じなくてはならない！　すると不思議なことに、あの正体不明の「赤い本」が、どこからかジャーン！　と現われるのだ（そうでないときのほうが多いけれど）。

グーグルの時代が到来し、利用者は自ら簡単に情報を得ることができるようになった。レファレンス・サービスを支援するロボット司書や、チャットボットサービスを導入した図書館も生まれている。将来は、映画「タイムマシン」のボックスのように、地球上のすべてのデータベースに視聴覚が繋がったホログラム司書が登場しないと誰が断言できるだろう。

AI秘書が手元にあろうと、司書を頼る利用者は依然として多い。電話、メール、テキストメッセージ、オンラインチャット、フェイスブック、ツイッター（現X）など、コミュニケーションツールは増えた。元司書の私も司書を頼ることがあり、「司書に訊いてみよう」という非対面サービスもよく利用する。ファクトチェックが必要なときなどは特にそうだ。「ニューヨーク公共図書館のローズ中央閲覧室にはどれくらい参考図書がありますか？」先日ニューヨーク公共図書館のウェブサイトにあるライブチャット（AskNYPL）で司書にこんな質問をしてみた。「少々お待ちください……」司書は正確な蔵書統計資料を持っている担当司書のメールアドレスを教えてくれた。司書にメールを出し、「一万四八〇〇」という数字がわかるまでに大体一時間程度かかった。グーグルはたった〇・七〇秒で約一三二〇万件の検索結果を見せてくれる。最上段に表示されたおすすめ検索結果によると、ローズ中央閲覧室には「五万二〇〇〇冊余り」の参考図書があるそうだ。作家のニール・ゲイマンはこんなことを言った。「グーグルは一〇万個の答えをくれるが、司書は正解を教えてくれる」グーグルは私に一〇〇〇万以上のリンクと古くなった情報をくれたが、ニューヨーク公共図書館の司書は、最新の情報をくれたのだった。

これまで私はレファレンス・サービス業務につきながら、たくさんの利用者に数多くの質問と感謝をいただいた。彼らと対話しながら、小説よりも小説らしい、喜怒哀楽に満ちた「人生を読む」経験をした。今でも忘れられない思い出がある。ある日、中年女性が涙をためながら私に近づいてきて、クリスタル・メス（メタンフェタミン）に関する情報を探してほしいとリクエストした。医学分野の参考図書とデータベースから情報を検索し、資料をプリントアウトして渡すと、突然彼女が、薬物依存で苦しい日々を過ごしている息子の話をしながら泣き出した。戸惑った私は何と言ってあげればいいのかわからず口ごもってしまった。ただ何も言わず、心の中で一緒に泣くことぐらいしか私にできることはなかった。そうしてずいぶんと長い時間が流れたあと、席から立ち上がった彼女が案内デスクを去るとき私に言った。

「聞いてくれてありがとう」

請求番号にまつわる裏話

「明らかに、宇宙の分類で恣意と憶測に基づかないものは一つとしてない」

――ホルヘ・ルイス・ボルヘス「ジョン・ウィルキンズの分析言語」『ボルヘス・エッセイ集』（二〇一三年、平凡社、木村榮一編訳）

新型コロナのパンデミックで休館中だった英国のある図書館で、司書たちを大いに困らせた事件があった。著者名順に整理されていた小説を、誰かが本のサイズ別に並べ替えたのだ。どうやら外部に委託していた清掃スタッフが大掃除の際にやらかしたということがあとでわかった。だけどそのスタッフの気持ちは十分に理解できる。私だって、でこぼこに並んでいる本を見るたびに、サイズ別にきちんと並べ直したい衝動に駆られるのだから。幼少期から大小さまざまな本を集めていたアルベルト・マングェルは『図書館　愛書家の楽園』で、子どもの頃、棚ごとに版型を統一して同じ高さの本だけが並ぶようにしたと告白している。また同書の中で、

十七世紀の英国の作家、サミュエル・ピープスの独特な書籍整理法も紹介している。見た目の美しさを重要視したピープスは、本棚にあるすべての本の高さを揃えるために、背の低い本の下に敷く台を自作し、三〇〇〇冊ある蔵書のすべてに、一から三〇〇〇まで高さ順に通し番号をつけたらしい。

コンピュータでスピーディーに本を探し出す自動書庫を持つ最近の図書館でも、スペースを最大限に活用するため大きさ別に本を分類することがある。とはいえ、現在でもアメリカにあるほとんどの公共図書館は、テーマ別に図書を分類するデューイ十進分類法（Dewey Decimal Classification 略してDDC）を採用している。アメリカの大学図書館では主に米国議会図書館分類法（LCC）を使う。韓国で使われている韓国十進分類法（KDC）は、西洋とキリスト教中心のデューイ十進分類法を国内の実情に合わせて構成したものだ。

チョン・セランの小説『フィフティ・ピープル』（二〇一八年、亜紀書房、斎藤真理子訳）には、元司書のキム・ハンナがKDCに沿って他人の蔵書を想像するシーンがある。

KDCの一〇〇番台と二〇〇番台の本を合わせて一五パーセント、三〇〇番台から五〇〇番台の本で三〇パーセント、六〇〇番台から九〇〇番台で五〇パーセント、〇五〇番台も五パーセントぐらい持っている男さあ、この暗号のような文章を解読すると、このようになる。

「哲学書と宗教書を合わせて一五パーセント、社会科学、自然科学、技術科学分野の本を合わせて三〇パーセント、芸術、言語、文学、歴史図書からまんべんなく五〇パーセント、定期刊行物も五パーセントくらい持っている男」。ひと目でこれがわかったなら、あなたは図書館司書か、はたまた図書館オタクに違いない。

ある日、司書なら十進分類法の番号をすべて覚えているはずだと信じて疑わない利用者が私に訊いてきた。

「南米旅行に関する本はどこですか?」

「どちらの国や都市の情報をお探しですか?」

「ペルーです。番号だけ教えてください」

「はい、少々お待ちください……」

「もういいです。自分で探します」

「……」

(いや、私はAIじゃなくて人間の司書なんです。すみませんが、図書館目録を検索する数秒くらいは待っていただけませんか)と言いたいのをグッと我慢している私を置いて、利用者はさっさと書架の方へ行ってしまった。

私が働いていた図書館の案内デスクには「デューイ十進分類法カンニングペーパー」があった。利用者によく訊かれるDDCの分類番号をメモした紙だ。さすがにこの道何十年のアシスタントたちは、重要な請求番号をすっかり覚えてしまっている。

一応司書たるもの、誰かに訊かれるたびにメモを盗み見るわけにはいかない。その日以降私は、九九を覚えるようにカンニングペーパーを暗記することにした。〈ギネスブック〉は〇三一・〇二、〈養育権〉は三四六・〇一七、〈野球〉は七九六・三五七、〈自動車整備および修理〉は六二九・二八七……。

忍耐力のない大人とは違って、図書館に来る子どもたちはこちらの返事をちゃんと待ってくれることが多い。

「ねこの本はどこにありますか?」

「どんな種類の猫ですか?」

「えっと、ただねこの絵を描きたいんです」

〈猫の本〉(六三六・八)と〈猫の描き方〉(七四三・六九七五)がある書架にその子を案内すると、

「ねこが出てくる絵本も読んでみたいです」

「……」

ああ、なぜ図書館の猫たちは一緒にいることができないのか。ここにはどうして「猫の書架」がないのだろう。猫の本は猫の書架に！　この簡単な分類法をなぜ使わないのかさっぱりわからない。犬だってそうだ。あちこちに離れている。〈警察犬〉は三六三・二三、〈ペット〉なら六三六・七だ。働くサービスドッグは三〇〇番台に、遊んでいる（？）愛玩犬は六〇〇番台にいる。車も同じ。〈パトカー〉は三〇〇番台、〈レーシングカー〉は七〇〇番台、〈自動車〉と〈トラック〉は六〇〇番台だ。子どもたちのためにも〈タイヤのついた車〉の書架が必要だ。お願いだから猫は猫どうし、犬は犬どうし、車は車どうし集めておいてほしい！

国立現代図書館の設計コンペに参加した老建築家と彼の建築事務所で働く人たちの話を書いた松家仁之の小説『火山のふもとで』（二〇一二年、新潮社）には、こんな一節がある。「開架式の書架に並ぶ本を展示品と考えて、何をどう選び、どう並べるかは図書館司書が決める」。

最近の図書館では、たとえば小説を配置する場合、一般小説、ミステリー、SF、ロマンスなど、ジャンル別に分けたり、文庫本のように版型や本の形によって整理したりと、「脱デューイ」して久しい。二〇〇〇年代初頭からアメリカの公共図書館は、書店の陳列方法を導入して展示書架を増やしてきた。十進分類法で整理した書架を減らしたデューイライト（Dewey-

Lite）図書館や、書架整理にデューイの分類法を全く使用しないデューイフリー(Dewey-free)図書館も出てきた。

ではここで、図書の十進分類法を考案したメルヴィル・デューイ（一八五一〜一九三一）について調べてみよう。彼はいったいどんな人物だったのか？　アメリカの教育者、司書、図書館学の創始者。綴りの簡素化と改革を主張し、自分の名前を「Melville」から「Melvil」に、一時は苗字まで「Dewey」から「Dui」に変えた人。図書館で英国式の綴りであるCatalogueの代わりにCatalogを使い始めた人。彼は、ナサニエル・シャートリフが一八五六年に私費出版したパンフレット『十進方式による図書館管理』で知った十進分類法と、フランシス・ベーコンの学問の分類（神学と自然哲学を分け、人間の知識を学問研究に必要な精神活動、すなわち記憶〈史学〉、想像〈詩学〉、理性〈科学〉に分類した）などを適用して考案したデューイ十進分類法を一八七六年に発表した。また、米国図書館協会（ＡＬＡ）設立を支援し、図書館雑誌『アメリカン・ライブラリー・ジャーナル』（のちに『ライブラリー・ジャーナル』に改名）を創刊しただけでなく、コロンビア大学初代図書館長として、同大学に司書育成のための図書館学校を新設した。彼が大勢の女子学生の入学を許可した（図書館学科入学生二〇名のうち一七名が女子学生だった）のも前例のなかったことで、新しい時代の幕開けを感じさせた。しかし彼はフェミニストというわけではなかった。デューイは一八八六年、あるスピーチで、図書館司書としてまじめな女性を雇用するのはかまわないが、給料は少なめにすべきだと主張した。その理由が聞いて呆れる。女は頻繁に体調を崩し、結婚後は家庭に入ることが多く、男と違って重い本を持てず、高い書架用のはしごをうまくのぼれないかららしい。何をふざけたことを。そうかと思えばデューイは、女子学生の外見を品定めし、自分の名声を利用して学生や司書にセクハラまでしていたのだ。結局彼はこの件で、自身が友人と共に創立した米国図書館協会から除名されることになった。しかし彼の友人（主に男性）たちが主要メンバーだったニューヨーク公共図書館協会がデューイの性犯罪を黙認したため、彼はそのまま活動を続けることができた。一九二四年、被害者女性の証言によってメルヴィル・デューイは法廷に立つことになるが、そこで公開された性暴力事件だけでも九件に及び、妻や家政婦までもが被害に遭っていたことが明らかになった。

それだけではない。デューイは司書たちと創設したレークプラシッド社交クラブからユダヤ人を排斥した反ユダヤ主義者でもあった。また、コロンビア大学在職中には、部下の職員がたった五分遅刻しただけで、日給の半分を減らすような悪徳上司だった。「一〇」という数字に異様に執着する強迫観念があり、社交クラブの会員権を一〇ドルに、建物の消灯時間を一〇時にするよう要求したこともある。これこそがメルヴィル・デューイの隠された正体である。

二〇一九年、米国図書館協会は、図書館の発展に貢献した個人に対して一九五三年から毎年授けてきた賞「メルヴィル・デューイ・メダル」から、その不名誉な名前を外すことに決めた。また、協会が運営するポッドキャストのタイトルも「デューイ・デシベル」(Dewey Decibel)から「請求番号」(Call Number)に変えた。たとえ図書館史に残る業績があろうと、メルヴィル・デューイが「偉大な図書館思想家」や「現代司書職の父」などと賞賛されてはならない。性犯罪者と人種差別主義者にはふさわしくない称号なのだから。

児童文学作家クリス・グラベンスタインの著書『図書館脱出ゲーム』(二〇一六年、KADOKAWA、高橋結花訳)に登場する図書館は、有名作家たちの姿を見せてくれるホログラムの彫像や書架はしごロボットのような最先端施設を備えているにもかかわらず、いまだにメルヴィル・デューイの十進分類法を使っている。それだけデューイの影響力が大きいというわけだ。

本の中で子どもたちは、図書館を脱出するミッションを遂行するためにクイズとなぞなぞと暗号を解読する。その際、十進分類法に関する知識が大きな鍵となるお話だ。どうかこの本を読んだ子どもたちがDDCやKDCの番号をだらだらと覚えることがありませんように。図書館に来る子どもたちよ、わからないことがあれば、請求番号でもなんでも司書に訊いてほしい!

それにしても、未来の図書館の書架はどんな形をしているだろう? 十九世紀の図書分類法が消えて、ロボット司書アシスタントがリアルタイムで本の位置を探してくれて、猫は猫どうし、犬は犬どうし集まっているテーマ別の書架で、サイズ別に整然と本が並べられている、そんな図書館を想像してみる。

読んでいない本について司書が語る方法

「いつか私のこの本も誰かから誰かにおすすめされたりする日が来るのだろうか」
——花田菜々子『出会い系サイトで70人と実際に会ってその人に合いそうな本をすすめまくった1年間のこと』（二〇二〇年、河出書房新社）

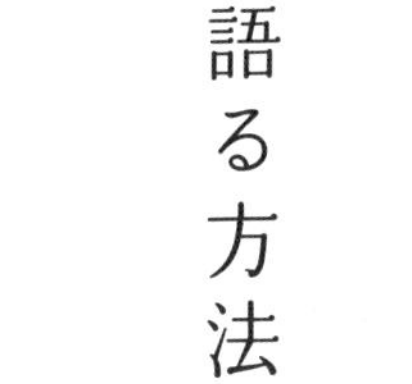

私は本が好きだけど読書家というほどではない。図書館や書店の新刊コーナーにある本をパラパラと流し読みしたり、ときどき衝動的に買って「積読《つんどく》」したりもする。だからと言って本を蒐集する蔵書家というわけでもなくて、読んだ本よりこれから読む本のほうが多い平凡な愛書家だ。実際のところ、本そのものよりも本のある空間が好きな図書館愛好家、と言ったほうが正しいかもしれない。

そんな私が公共図書館に勤めることになったわけだが、司書になってすぐの頃は、利用者に図書を推薦する「読書相談」業務をちゃんとこなせるのかとても不安だった。「読書相談」は、一九二〇年代にアメリカの公共図書館で導入されてから現在まで続いている司書の主要業務だ。かつてニューヨーク公共図書館ではこの業務を、「本を処方する仕事」と呼んでいたこともあったそうだ。利用者と会話しながら本を推薦することから始まったサービスだったが、徐々にその範囲が広がり、現在では読書資料の製作、図書の展示、ブッククラブの運営などで、図書館と利用者が触れ合う機会が増えつつある。最近ではポッドキャストやYouTubeで本を紹介したり、読者とメールをやり取りしながら、ひとりひとりに合わせて本を推薦したりという形にまで進化している。

働き始めて間もない頃の私は、はたして自分がこんな仕事をきちんとこなせるのだろうかと不安でいっぱいだった。自分が司書になれたのもただの運のような気がして、しばらくインポスター症候群（自分の達成を内面的に肯定できず、自分を詐欺師のように感じる傾向）に悩まされた。私なんかが司書になってもいいの？　いったいなぜ私が選ばれたの？　館長は、私の親しみやすい人柄を買って採用したといってくれたけれど、おそらく彼は気づいていない。内向的な人間である私にとって親しみやすさとは、親しいふりをする演技力に過ぎないってことを。それにしてもどうしよう……、大学時代、読書指導の授業で何を習ったっけ？　卒業して一〇年以上経っているせいか全く思い出せない。数年後の自分が「読書相談」業務につくことを知っていたら、大学院の情報学コースで昔ながらの図書館学の授業を取っておいたのに、と少し後悔した。あの頃は将来韓国で最先端のデジタル図書館をつくる仕事につくと思っていた私。まさかアメリカで公共図書館の司書になるなんて夢にも思わなかった。

ともかく、「読書相談」に関する専門知識もなく、アメリカの出版事情や読者についてほとんど知らない人間が司書になってしまったわけだ。私は自分に言い聞かせた。「アメリカでは一年間に一〇〇万冊を超える本が出版される。そしてこの図書館の書架には数十万冊の本が並んでいる。入庫する新刊は日に数十冊。いくら司書でもこんなにたくさんの本についてすべてわかるわけないじゃない。ああ、もう知らない、何とかなるでしょ、私だって一応は本好きなんだから……」

そうと決めたら何としてもやらなければ。私はその日からにわか仕込みで勉強を始めた。まずは図書館の購入図書目録に目を通してみた。月毎にまとめた選書リストと、人気のある貸出図書の統計資料を見て、目に留まった本や誰かが推薦してくれた本などはタイトルを覚えるようにした。図書流通業者から送られてくる発刊予定の本のリストもしっかりチェック。アメリカの司書にとって、司書の専門雑誌『ライブラリー・ジャーナル』と図書館向けの書評誌『ブック・リスト』は必読書だから私も熱心に読んだ。多くの人が注目する『ニューヨーク・タイムズ』と『ロサンゼルス・タイムズ』のベストセラーリストはもちろん、権威あるアメリカの書評誌『カーカス・レビュー』も暇さえあれば読むようにした。本の魅力をさまざまな角度から分析して、読者の好みにぴったりかそれに近い本を選んでくれるデータベース「NoveList」の使い方もちゃんとマスターした。読者の好みに合った本を推薦するアルゴリズムを使ったこのAIは、業務の効率化と利用者の満足度の向上に大いに役立っている。

本に関する本を好きな私が司書として大いに共感する一冊は、ピエール・バイヤールの『読んでいない本について堂々と語る方法』（二〇一六年、ちくま学芸文庫、大浦康介訳）だ。著者はこの本の中で、ロベルト・ムージルの小説『特性のない男』（一九九二～九五年、松籟社、加藤二郎訳）に司書として登場する男の言葉を引用している。「有能な司書になる秘訣は、自分が管理する文献について、書名と目次以外は決して読まないことだ……内容にまで立ち入っては、司書として失格です！……そういう人間は、絶対に全体を見晴らすことはできないでしょう！」。そのとおりだ。「大局的な視野」を持つために本に関する本を読んできた私は、図書館で働くのにふさわしくない人間なんかではなかった。つまり私にも司書の資格がじゅうぶんあるのだ！

ピエール・バイヤールは「読んでいない本について、仕方なく何か話さねばならない状況に陥った者」たちのために珠玉のアドバイスを与えてくれる。この本は司書たちにとって「読書相談」用の教科書といってもいいくらいだ。特に「ざっと読んだ（流し読みをした）ことがある本」と「人から聞いたことがある場合」についての話は、これまで働きながら身につけた

「読書相談」のノウハウとよく似ている。これは司書になる前に読んでおくべきだった（気づくのが遅かった）。

司書の苦労を知ってかどうかはわからないけれど、図書館の本部から「五分で本を読む方法」というマニュアルが配布されたこともある。この摩訶不思議な方法を簡単に説明するとこうだ。まず表紙を見る。本のタイトルのサイズで作家の認知度がわかる。作家が有名であるほどタイトルの文字は大きい。不世出のベストセラー作家、スティーヴン・キングが英語で書いた本を検索して見てみればすぐにわかるはずだ。「『ニューヨーク・タイムズ』が選ぶナンバーワンベストセラー作家」といったコピーも必ず書いてある。こうした人気作家の名前はちゃんと覚えておく。その作家のすべての作品、シリーズものの場合はシリーズのタイトルと請求番号まで覚える。本の紹介文と推薦文からおおよその内容を把握して、中身にざっと目を通し、会話文が多そうとか、難しそうといった雰囲気を摑んでおく。読みやすい本を好む利用者もいるからだ。

ピエール・バイヤールはこうも言った。「人から本についての話を聞く」ことは、その本の内容について、実際に読まなくてもどんな本なのかちゃんと知ることができるもうひとつの方法だと。本の情報を知りたければ、それを読んだ人に内容をシェアしてもらうことほど手っ取り早くて面白い方法はないだろう。どんな分野の「読書相談」であろうとしっかりこなしたかった私は、同僚司書たちの本の好みと専門分野を覚えておいて、彼らが最近どんな本を読んだのかこまめに尋ねるようにした。こうして私は、ミステリーやロマンス、歴史物など、いろんなジャンルの本の情報をコツコツと集めていった。

図書館に来る人たちと本を繋ぐ「読書相談」は、文字を覚えたばかりの幼い子どもたちにとって特に重要なサービスだ。図書館に来る子どもたちが面白そうな本をたくさん読んで読書の楽しさを知ってくれるように支援するのも司書の仕事。それが恐竜の本でも漫画でもファンタジー小説でもなんでも、とにかく楽しく読み続けることが重要だと教えるアメリカの図書館では、「推薦図書」はあっても「必読書」や「教養図書」リストのようなものはない（学校での教科教育課程では必読書がある）。

私に「読書相談」のやり方を教えてくれた同僚のJさんは、児童図書のサービスを担当している司書だった。いつだったか、ある児童が図書館に入ってくるのを見たJさんが笑顔でその子に近づいて話しかけた。

「きのう自動車の本がたくさん入ってきたんだけど、見てみる？」

「はい！」

Jさんは、書架で本を選んでいる子どもたちを見ると必ず声をかけた。

「エリン・ハンターの〈ウォーリアーズ〉シリーズが好きなんだね？　じゃあキャスリン・ラ

スキーが書いた〈ガフールの勇者たち〉シリーズは読んでみた？」

「先週借りた本はもう全部読んじゃったの？　どうだった？」

「どんな映画が好き？　それならこの本も気にいるかもしれないよ」

あまり本に興味がなさそうな子どもたちにも、好きな映画を訊いて似たようなジャンルの本をすすめるJさんを見て、私は「読書相談」で最も大事なことが何かを学んだ。司書は「人を読む」仕事だということを。そして、本よりも何よりも人が好きならば、この仕事はとてもやりがいがあるってことを、私はJさんのおかげで気づくことができた。親しげなふりではなくて、本当に人と親しくなる必要があるのだ。そのときから私は、誰がどんな本を好きなのか覚えておいて自分から先に近づいていこうと努力した。そうするうちにだんだんと私も、図書館の中でだけは外向的な人になることができた。

「この前は〈No.1レディース探偵社〉シリーズ三巻を借りていきましたよね？　昨日四巻が届いたんですが、借りますか？」

「先週借りた本は全部読み終わりました？　どうでした？　じゃあ一度こんな本を読んでみませんか？」

「エリック・ラーソンの『悪魔と博覧会』、これノンフィクションなんですが、読みやすいですよ。ジャネット・ウォールズの『ガラスの城の約束』もね」

「これなんて本当に面白くてどんどん読めちゃいますよ。おすすめです」

こうした会話をするためにも、蔵書と親しむ時間は欠かせない。新刊を書架に並べる前にチェックするのは司書の日課だ。毎日新しい本に出会えるのは、「流し読み」が趣味の私には幸せなことに違いなかったけれど、本の表紙を見る時間さえないほど忙しい日も多かった。たとえば、「ちょっと余裕ができたら案内デスクで中身を見てみよう」と思って事務室の机の上に積まれた新刊をワゴンに載せて案内デスクに向かっても、ひっきりなしにやってくる利用者の対応に忙しくてそんな余裕なんか全くない。仕方なく「事務室に戻ってからじっくり見るぞ」と心に決めても、他の大事な業務がなだれこんでくる。ワゴンを押して再び案内デスクへ、案内デスクから事務室へ、そしてまた案内デスクへと移動を繰り返しながら、毎日入ってくる新刊をワゴンに山のように積み上げていると、同僚の誰かが必ず訊いてくる。

「昨日入ってきた新刊の中に予約図書があったんだけど、ここにある本、もう全部見ました?」

「あ……いいえ、持ってってってください」

本の表紙を眺める時間もないほど忙しい司書からすれば、ゆったりと読書を楽しんでいる利用者が一番うらやましい。

聞くところによると、仏教では経文が内蔵された仏具のマニ車を回せば、回した回数だけお経を唱えるのと同じ功徳を得られるという。ウンベルト・エーコも、長年書き続けたコラム

『ブックマッチ・メモ（*La bustina di minerva*）』で同様のことを述べている。「我々はその本の場所を変えたり埃《ほこり》をはらったりするために、あるいはただ他の本を取ろうと少し横に押しやるなどして何度も本に触れたはずだ。その過程で知識の一部が我々の指先から脳へと伝わったことだろう。まるでブライユ点字（十九世紀フランスの盲学校教師ルイ・ブライユが考案した点字）のように、我々は本を触覚で読んだのだ」

仏教の功徳信仰と、ウンベルト・エーコの主張によるならば、読んだことのない本について語り、ワゴンの上の本まで触覚で読んだ私は紛れもなく読書家だ！　でも図書館の利用者は騙されないでほしい。「面白くてページをめくる手が止まらない」と利用者が勧めてくれた本を自分が読んでもいないのに、他の利用者にそれとなくすすめる図太い神経の司書が実はとても多いのだ。以前の私もそうだった。図書館司書は館内の蔵書をすべて読むわけではないし、実際そんなことは不可能だ。図書館の本を誰よりもたくさん読むのは利用者だ。彼らの好みや質問が司書にとっての大事な道しるべになってくれる。どうか人々がもっと図書館に来てくれて、司書が歩むべき道を照らしてくれますように。

傷んだ本を見ると

「これ以上地球が資源を貸してくれないなら、我々が生きていける場所はもうどこにもない」

——タイラー・ラッシュ『ふたつ目の地球はない（두 번째 지구는 없다）』

出版の歴史を研究する作家、スチュアート・ケルズが図書館に関する興味深い話を綴った著書『図書館巡礼「限りなき知の館」への招待』（二〇一九年、早川書房、小松佳代子訳）に信じられない話がでてくる。「司書たちはベーコンや目玉焼き、パンケーキなどが本のあいだに挟まっているのを日常的に見かける——どれもぺちゃんこに潰れて干からびた朝食の名残だ」。いやいやまさか、お菓子のかけらくらいならともかく……。きっと著者が大袈裟に書いたに違いないと思っていた。インディアナ州のある司書が、寄贈された本のページの間からタコスを発見したという記事を読むまでは（しおりのように本に挟まっている髪の毛を発見したくらいで憤

慨していた司書時代の自分を反省）。ピカピカの新刊図書を手にする喜びと、汚れてしまった本を廃棄するつらさが交錯《こうさく》する図書館で、公共財を丁寧に扱わない利用者を恨んだことは一度や二度ではない。ページに残されたこのシミは、涙か汗か鼻水か、それとも鼻血かコーヒーか。得体のしれない汚れを目にすると、自分でも知らないうちにしかめ面になってしまう。だから手の消毒剤や除菌ティシューは司書の必須アイテムなのだ。犬は好きでもページの角を折るドッグイヤー（dog ear）や、犬が噛んだ跡を見つけるとイラッとした。下線を引いたり、文字の中のスペースを塗りつぶしたりする（a b d e g o p q）人がどうしてこんなにも多いのか。その昔、大恐慌時代のニューヨーク公共図書館では「丸を塗りつぶす人たち（o-filler）」による落書きを消すためだけに、わざわざ人を雇っていたらしい。消しゴムもまた司書にとっては必需品だ。今でも「本の落書きを消す」ボランティアの人たちがいる図書館がある。スコットランドのある公共図書館の司書は、アルファベットの中をほとんど塗りつぶしてしまった利用者のせいで、『ウォーリーをさがせ！（*Where's Wally*）』というタイトルに『ウォーリーがいた（*There's Wally*）』という新しいタイトルを加えるはめになったらしい。

　本をダメにする方法は数え切れないほどある。新型コロナウィルスのパンデミックの時期、ミシガン州のある図書館では、電子レンジで加熱されてまっ黒こげになった本が返却された。本を消毒しようとして危うく焼却しかけたらしい。そのニュースを読んだ私は、まるで自分がその本を受け取った司書であるかのように思わずため息をついた。

そんなふうに傷んでしまった本を捨てるのも実はなかなか大変なのだ。アメリカの図書館では本を保護するためにビニールカバーをかけることが多い。しかしいざ本を捨てるとなると、表紙は普通ごみとして廃棄して、中身だけをリサイクルに出す。ビニールの本カバー、テープ、各種行事で利用した使い捨てのグッズなど、プラスチックのごみも多い。にもかかわらず、ここではゴミ分別やリサイクルについて学ぶ機会がない。ゴミをきちんと分別する職員も少なかった。私がいた図書館では司書たちがゴミ問題を提起するまで、不要になった資料を普通ゴミと一緒に捨てていたし、リサイクルボックスが設置されてからも職員たちの習慣はそう簡単には変わらなかった。ファストフード店で飲み残したジュースまで同じゴミ箱に捨てるアメリカ人が多いのを見ているので、あまり驚きもしなかった。数年後に司書をやめたあとしばらく暮らしたドイツでは、ゴミの種類ごとに八つのコンテナがあって、それぞれちゃんと分別しなければいけなかった。さすがOECD加盟国中リサイクル率一位の国だとその厳格さに感心したものだ。

長い間、地球環境を破壊しながら暮らしてきた報いだろうか？　カリフォルニアの住民としては、年々規模が大きくなってゆく山火事が気にかかる。二〇二〇年九月にはワシントン州東部のホイットマン郡にあるモルデンで発生した山火事によって、町の図書館が全焼するという悲しいニュースがあった。気候危機はもはや図書館の危機でもあり、今すぐ克服すべき課題だと思う。二〇一九年、米国図書館協会は、司書の最も重要な職業倫理に「持続可能性」を加えることにした。地域の住民に対して、気候変動に関する教育と持続可能な未来のための教育に力を入れてゆこうという決意が込められたものだ。環境保護のために図書館は大小さまざまな努力をしている。たとえば次のような試みだ。

＊とうもろこし由来のバイオプラスチック図書館カード
＊図書デジタル貸出票の奨励
＊デスクトップパソコンの代わりに省電力で使えるノートパソコンの利用
＊ビニールカバーの代わりにエコ素材を使った図書カバーの利用
＊図書館菜園や屋上庭園づくり
＊環境図書コレクションの構築と展示
＊環境教育プログラムの開発と提供
＊自転車置き場の設置
＊本を借りるように花や野菜の種を借りて、半年から一年後に収穫した種を返却する「種の図書館」づくり

＊太陽光パネルの設置
＊人や環境に配慮した建物（グリーンビルディング）の基準をクリアしたLEED認証図書館／持続可能な建築設計（自然採光、光センサーを利用した照明など）

地球から借りた資源をきちんと返すために図書館は立ち上がり、司書たちが率先して頑張っている。遅すぎたかもしれないが、それでもやらないよりはいい。もちろん、図書館の利用者にもできることはたくさんある。

＊図書館の本を触るときは清潔な手で！
＊借りた本に下線を引いたりページを折ったりしない
＊酸性の接着剤を使った付せんや、本を傷めるクリップを使わない
＊書架から本を取り出すときには、破損防止のために本の背の真ん中あたりを親指と人差し指でつまむ
＊書架や返却カートに大型本を立てて入れるには高さが足りない場合、本の背を下にして戻す
＊本が傷んでいる場合は司書に知らせること。自分で直すのは厳禁

みなさん、借りた本はきれいに読んで返しましょう！

蔵書廃棄の苦しみ

「蔵書の処分には、処分した人の数の分だけ、さまざまな事情とドラマと苦しみがある」

――岡崎武志『蔵書の苦しみ』（二〇一三年、光文社）

図書の購入は司書にとって大きな喜びのひとつだ。本を買い物かごに入れて、届いた段ボール箱を開ける喜びがあふれる図書館は、愛書家にとってはまさに夢の職場だと言えるだろう。しかしその一方で、本を捨てるのは司書にとって大いなる苦しみだ。蔵書の「保存」よりも「利用」に重きをおく公共図書館では、入庫した本の数だけ書架にある本を処分しなくてはいけない。特に最近では利用者中心の空間へと様変わりする中、書架を縮小して蔵書を減らす図書館も増えている。誰よりも本を愛する司書が、誰よりもたくさん本を捨てるのだ。死んでも本を捨てられない蔵書家にとって、図書館は悪夢のような職場かもしれない。

定期的に蔵書を点検して評価し、不要になった資料を書架から選択する業務を「除架」と呼ぶ。英語ではweedingといい、文字通り草取りと同じ意味だ。司書は書架という庭園を手入れする庭師のようなものだ。草木の間隔が狭すぎるとよく育たないように、書架に本がぎっしり詰まっていると利用率が悪くなる。ほとんど貸し出されないような本を適当に間引いてやると、本の利用率が上がる。書架の空間を効率的に活用するためには、できれば棚の三分の一以上をあけておくのが望ましい。

司書時代、図書館の蔵書点検の際には一日に数十冊、多いときには数百冊の本を処分しなくてはいけなかった。買っても買ってもまだ買う本があり、捨てても捨ててもまだ捨てる本があった。購入図書を選ぶより、廃棄図書を選ぶ仕事のほうがつらかったし、時間もかかった。書架にある本を取り出して一冊一冊きちんと調べる必要があったので、時間があるときにコツコツと作業を進めなくてはならない。たまに蔵書点検をサボると、図書整理スタッフからの訴えが容赦なく飛んできた。

「小説の棚に新刊を並べるスペースがありません」

「三〇〇番台の書架がもうぎゅうぎゅうです」

まるで打ち出の小槌のように、書架にはどんどん本が増えてゆく。他の業務にかまけて蔵書点検をおろそかにすると、夏休みの日記を溜めてしまった小学生のように、あとになって黙々と本を処分するはめになった。そんなときに面白そうな本を見つけてしまうと、つい誘惑に負けて読みふけってしまいそうになるから要注意だ。三上延と倉田英之の共著『読書狂の冒険は終わらない!』(二〇一四年、集英社)で、次の文章を読んでぎくりとしたことがある。「本を整理してると途中でまた読んじゃうから、時間がいくらあっても足りないですよね」。

除架業務に熟練した司書にとっても、本を捨てるべきかどうかを決めるのは難しい。「この本が図書館で生きるべきか死ぬべきか、それが問題だ」。蔵書の点検をするたびに、苦しい独白をする司書たちは、いったいどのような基準で本を処分するのだろう?

除架のガイドラインは図書館ごとに違う。普通は一定期間(公共図書館の場合だいたい三〜五年)貸出記録がない本や、貸出頻度が低い本、そして同一タイトルが複数冊ある本などが廃棄対象になる。もう少し詳しくいうと、除架にはMUSTIEという公式を活用する。それぞれの頭文字の意味はこうだ。

Misleading:誤解のおそれがあるもの、誤った情報が記載されているもの
Ugly:古くて汚損されたもの、補修をしても利用者が手に取るのをためらうような外観のもの
Superseded:新版・改訂版が刊行されたもの

Trivial　：文学的・科学的価値が低いもの
Irrelevant：過去の一時的な流行を扱ったもの、地域住民からの需要がないもの
Elsewhere：同一資料を電子媒体で提供できるもの、または他の図書館と相互貸借可能なもの

とはいえ、公式を知っていてもいざ書架の前に立ってみるとそう簡単には決められない。ウン・ヒギョンの短編小説『星の洞窟（별의 동굴）』に出てくる愛書家のように「（捨てようと）本棚から抜き出しておいた本の山を選別しているうちに、つい未練がましくまた元通り棚に戻す本もあった」。そう、未練が問題なのだ。

一方で、廃棄の危機にさらされた本を救うために闘う司書もいる。「ゲリラ司書」と呼ばれる人たちが現われたのは、一九八九年のことだ。その年、カリフォルニア州を襲った大地震によってサンフランシスコ中央図書館は深刻なダメージを受け、書架が崩壊するなど甚大な被害に見舞われた。建物が完全に復旧するまでの間、小さな臨時閲覧室を開放したものの、本を置くための書架があまりにも不足していたので、図書館では大がかりな除架作業に取りかかることにした。館内にあるすべての本を「その年に貸し出された図書」「過去二年間に貸出履歴がある図書」「二年以上貸し出されていない図書」のいずれかに分類し、それぞれグリーンカー

ド、イエローカード、レッドカードを挟んでゆく。その結果、音楽と芸術分野を含む相当数の図書が廃棄の危機にさらされると、何人かの司書が倉庫にこっそり忍び込んで、レッドカードをグリーンカードに差し替えて本の救出作戦を繰り広げたのだ。これが「ゲリラ司書」の始まりだ。

二〇一六年、フロリダ州ソレントにあるイースト・レイク公共図書館でも「ゲリラ司書」が話題を集めたことがある。館長のジョージ・ドア氏は、「チャック・フィンリー」という架空の人物の名前で図書館カードを作り、九カ月で二三六一冊の本を借りたことにしていた。一年以上貸出がなくて廃棄処分になりそうな本を救うためだった。これによって図書の貸出率が三・九パーセントも上がり、図書購買予算を取るために、わざとこのようなことをしたのではないかと疑いをかけられもした。

図書館の蔵書廃棄は、ときに司書と利用者から強い反発を買うこともある。二〇一五年、カリフォルニア州にあるバークレー公共図書館の元司書たちと利用者たちが、館長の行きすぎた蔵書廃棄ポリシーに対して抗議デモを行い、廃棄の危機にあった図書を守るために、人気のない図書(歴史や音楽分野)を一人あたり最大五〇冊まで借りるよう奨励するキャンペーンを繰り広げたことがあった。当時の館長は、四人の職員と司書二人で構成される委員会を作って彼らに除架業務を担当させたが、この業務はそれまで専門の司書二五人で担当していたものだった。あとになって館長は、蔵書を点検する十分な時間がないという司書たちの不満を解消するための処置だったと釈明したが、事前協議もなく行われた蔵書廃棄プロジェクトに司書たちは怒った。なぜならこれは、地域にとって価値ある本を収集すべく努力する司書たちの専門的な役割をないがしろにする仕打ちだからだ。

ともあれ、いくらつらい仕事だからといっても、図書の収集と廃棄を人工知能やビッグデータによる分析結果だけに任せると、蔵書の多様性を失うおそれがある。

二〇二一年、イリノイ州シカゴにあるケルヴィンパーク高校のゴミ置き場に捨てられた大量の本が話題になった。『ハムレット』『罪と罰』『変身』など、名作と言われる本がたくさん含まれていたからだ。おそらく学校図書館は貸出データから判断して、生徒たちが読まない本を処分したのだろう。以前にも同様の記事を読んだことがある。利用者に見向きもされずに捨てられる本と、その本を見て腹を立てる利用者たち。司書の努力で素晴らしい蔵書を作り上げても、利用者たちが興味と関心を持って読んでくれなければそれらは維持できなくなる。

蔵書の点検をしていると腹の立つことも多い。どうしてみんなこの本を読まないのだろう？三年以上誰にも借りてもらえなかった本がこんなに多いなんて。一度も愛されずに図書館を去ってゆく本を見るたびに、なんとも言えない複雑な気持ちになった。所蔵記録を削除して、本の見返しに「廃棄（DISCARD）」とハンコを押すと、まるで本たちに死刑宣告を下しているような気がした。そうして除籍された本は、カートに載せられて図書館付属の中古書店やリサイクルボックスへと向かい、そこで自分たちの運命を待つのだ。新しい持ち主を見つけたり、新しい本に生まれ変わったり……。

以前働いていた図書館を訪ねたとき、ロビーにある中古書店にちょっとだけ寄ってみた。書架を見て回っていると、韓国の作家キム・ヨンハの長編小説『黒い花（검은 꽃）』の英語版を見つけた。図書館で廃棄された本だった。（私がここでずっと働いていたなら「ゲリラ司書」になってこの本を救ってあげたのに……）喜びと悲しみが入り交じった気持ちでその本を購入した。新しい持ち主となった私は、自宅の本棚にその本の居場所を作ってやった。それなのに私はまだこの本を読んでいないのだ。私はどうしてこの本を読んでいないのだろう？

他はともかく、本だけは捨てられないという人たちがいる。私もそうだ。かつては図書館で本を捨てる達人だったというのに。カオスになった自宅の本棚を見ると、ときどき「こんなはずじゃなかったのに」という自責の念と、蔵書廃棄のつらさが同時に襲ってくる。その度に自分に言い聞かせている。蔵書の廃棄は「何を捨てるか」ではなくて「何をとっておくか」を決めることだと。だから、捨てる本のリストをつくる前に、そばに置いておきたい本のリストからつくればいいのだ。ヘンリー・デイヴィッド・ソローは『コンコード川とメリマック川の一週間』（二〇一〇年、而立書房、山口晃訳）で、「最良の本をまず読みなさい。さもなければそれらを読む機会を失うかもしれない」と書いた。その通りだと思う。図書館であれ個人の書斎であれ、蔵書を整理するのはより良い本の居場所をつくるためだ。心を惹かれて、一度でも撫でてやった本を選ぼうとして私は頑張っているのだ。

もしあなたが蔵書管理に困っているなら、思い切って何冊か処分してみてほしい。庭に花を植える前に雑草を抜いて場所をつくるように。広くても狭くても、あなたの図書館を手入れする司書はあなたしかいない。と、実は自分に言い聞かせている。

見向きもされない本のために

「ホッフェンタウン・ヴァン・ディーメン財団図書館はその名に似合わず、分類が難しそうな厄介な本だけでなく、この世に一冊しかない本や稀覯本、すでに失われた本や元から存在しない本まで所蔵しているような印象を放っていた」

――オ・スワン『図書館を去ってゆく本のために（도서관을 떠나는 책들을 위하여）』

数年前にスコットランドのエディンバラで立ち寄った古本屋で「つまらない本（dull books）」と「分類が難しい本（hard to classify books）」と書かれたラベルが並んでいる棚を見かけた。分類が難しいんじゃなくて、分類するのが面倒だったんじゃない？　と一瞬思ったけれど、心の片隅では分類が難しい本をいちいち分類しなくて済む書店が羨ましくもあった。見向きもされない本をわざわざ目立つ場所に陳列したこの店の主人こそ、本物の愛書家ではないだろうか。

仲間外れにされているような本は図書館にもある。それもたくさん。人はみんな有名な本を読みたがるものだ。公共図書館でもパレートの法則（あるいは八〇対二〇の法則）が観測できる。二〇パーセントの人気図書が全貸出冊数の八〇パーセントを占めている。図書館資料の利用状況を見ると、貸出の大部分はベストセラー、ロングセラー、テレビや映画などで話題になった本（メディアセラー）などとなっている。分野別では小説が圧倒的に多く、特にアメリカでは、ロマンス、ミステリー、SFのようなジャンルの読者層が厚い。

アメリカでよく参考にされる人気図書リストは、一九三一年の初掲載から現在まで、多くの人々に愛読されている「ニューヨーク・タイムズのベストセラーリスト」だ。自社サイトの販売量でベストセラーをランク付けするアマゾンとは違って、『ニューヨーク・タイムズ』は、独立書店、チェーン書店、流通業界など全米の書籍販売数を調査して独自のリストをつくっているため、より客観的な書籍販売指標として評価されている。多くの読者がいまだにこのリストを信頼する理由は単純だ。アメリカで最も権威ある新聞が発表するベストセラーリストだから。言ってみれば、有名だからみんなが注目するわけだ。

では、ベストセラーリストがなかった時代にはどんな本が人気だったのだろう？　一九二〇年代、ニューヨーク公共図書館の利用者たちは、ぼろぼろになった本、ページの角がたくさん折られている本、そして貸出カードに押してあるスタンプの数が多い本を探して読んでいた。

ビッグデータ時代の私たちも、読者レビューサイトの投票数やオンライン書店で星の数をチェックする。周りの人が読んでいる話題の本を読もうとするのは、今も昔も変わらない。

公共図書館の司書は、評判になっている（あるいはなりそうな）本があるかどうか常にアンテナを張っている。毎朝、新聞の訃報欄で作家の名前をチェックしていた同僚のTさんもそうだった。ある日Tさんが、ひとりごとなのかわざと聞かせようとしたのかわからない口調で、「カート・ヴォネガットがきのう亡くなったのかぁ」とつぶやきながら、彼の遺作を探し始めた。作家を偲ぶ同僚の温かい心に私は少し感動してしまった。それから数カ月後、Tさんが興奮した様子で小説の書架に向かいながら、またもやひとりごとなのかわざと聞かせようとしたのかわからない口調でつぶやいた。「『五次元世界のぼうけん』の作家、マデレイン・レングル！　きょうはこの本を借りに来る子どもが多いはず」この話に関しては日付まではっきり覚えている。二〇〇七年九月六日、マデレイン・レングルが亡くなった日だ。これは追悼展？　それとも哀悼マーケティング？　人気作家は亡くなったあとも司書だけでなく書店員や読者たちの関心をひき、死後の印税も相続人へ引き継がれるのだ。

印税といえば思い出す作家がいる。超大物ベストセラー作家、ジェイムズ・パタースンだ。彼はアシスタントの（代筆）作家を二〇数名抱え、工場をまわすように作品を生産して、年間一〇〇〇億ウォン以上を稼ぎだすらしい。こうして作家たちの間にも貧富の差がどんどん広がってゆく。すべての人に平等な図書館でもそれは同じ。図書の貸出に対して著者に補償を実施する「公共貸与権」という制度がある。最近は韓国でも導入が検討され始めたが、私はこの制度に反対だ。これを採用した国では、大ヒット作の著者だけがより儲かる結果となったことを知っているからだ。あまり有名でなくても、新人作家、地元出身の作家、独立出版の作家、人気のない作家たちの書いたいい作品を選んで、地域の人々に知ってもらえるように支援することが望ましいと思っている。そうしないと、せっかくのいい作品も図書館の目録に一度も名前が載らないまま消えてしまう。公共貸与権制度が施行されれば図書館も打撃を受けるだろう。有名作家に相当な金額の貸出印税が支払われ、利用者があまり借りないジャンルや、研究と保存目的の図書を収集する余力を失ってサービスが低下するかもしれないし、図書館の財政悪化の原因になるかもしれない。いつも予算がギリギリで、利用者の図書購買リクエストさえじゅうぶんに受け付けることができない図書館が多い中、資料購入費を増やす方法を議論するのが先ではないだろうか?

地域住民のための公共図書館では、利用者の希望を満たすため人気図書をまず購入する。収蔵スペースが限られている小さな図書館では、少ない予算のせいでベストセラー中心の蔵書になりがちだ。そのため複数の図書館が協力しながら蔵書を構築し、相互貸借サービスを迅速かつ活発に行えるよう連携システムをつくって、地域の図書館の蔵書バラエティを確保しなくてはならない。私が勤めていた公共図書館では、本部担当部署の指揮の下、二三の分館が共同で蔵書を構築した。図書館ごとに特化した蔵書を揃えてより多くの良書を確保できるのは、ネットワークを通じた共有サービスのおかげだ。『七王国の玉座』（二〇〇二年、早川書房、岡部弘之訳）を執筆したジョージ・R・R・マーティンは、良書を幅広く提供する図書館が社会には必要だとして、公共図書館が自分の新刊を二〇冊購入して一九冊廃棄するよりも、所蔵用に一冊だけ買って、残りの予算で他の作家の本を一九冊買ってほしいと言った。図書館の蔵書の生態系が豊かであるほど、いろんなタイプの作家が生きていけるのだ。図書館が力を合わせてこそ作家が生きられるとも言える。

司書は数十万冊もある本の見せ方にいつも頭を悩ませている。分類が難しい本を分類せずに済む書店のオーナーと、分類が難しくても必ず分類しなくてはいけない司書の共通の悩みでもある。あまり目につかない本を見やすく並べて、読者にちょっとした喜びを提供することもできるし、逆にもっとわかりにくく展示して好奇心をくすぐることもできる。言ってみれば本とのブラインド・デートのようなもので、本をラッピングしてタイトルと著者名を隠し、簡単な本の紹介コピーを書いて書架に貼っておく方法だ。図書館がバレンタインデーなどにやる人気イベントだが、ひょっとすると図書館が仲をとり持つこのお見合いで、「人生の一冊」に巡り合う人がいるかもしれない。

また、ある人は「人生の詩」に出会うかもしれない。アリゾナ州のとある大学図書館の司書は、本の背表紙が見えないようにして詩集を書架に並べておいた。「予想外の一冊（Surprise Me!）」という展示だった。図書館が学生たちに明らかにした企画の趣旨によると、インターネットより、実際に手に取ることのできる紙の本で優れた詩に接してほしいという気持ちから展示したということだった

キュレーション（curation）とは「世話をする」を意味するラテン語「キュラーレ（curare）」に由来するらしい。もしかすると図書館の図書キュレーションは、発見されない貴重な本や、社会から疎外された人たちの世話をする仕事なのかもしれない。

二〇一九年、シアトル中央図書館は「ヒップスターのための推薦図書リスト」をホームページに公開した（https://pudding.cool/2019/06/summer-reading/）。一〇年以上、一度も借りてもらえなかった本のリストだ。アメリカの公共図書館は、新型コロナ感染拡大以降に急増したアジア人に対するヘイトクライムに対抗して、アジア系アメリカ人たちのための図書を積極的に紹介した。

図書館は見向きもされない本と読者を結びつけてくれる。司書は、じっと存在感をひそめたままの本を撫でながら心の中で叫んでいる。みんなが気づいていない素敵な本がここにありますよ。

図書館、本、言葉、思想を支える人たち

「文明の健全性や、私たちの文化を支えているものへの理解の深さ、未来への関心といったものは、すべて、私たちがどれほど図書館を支援するかによって試されている」

——カール・セーガン『コスモス』（一九八四年、朝日新聞社、木村繁訳）

スコットランドのエディンバラで、「本の彫刻家」と呼ばれる謎の事件が起こった。シャーロック・ホームズもお手上げの難題だ。ことは二〇一一年三月にさかのぼる。スコットランドにある詩図書館で働く司書が、ある日閲覧室の机の上に、本を切り抜いてつくった彫刻作品とメモが置いてあるのを見つけた。この図書館のモットー「私たちは木の葉によって生きている」を形にしたアート作品だった。匿名の芸術家が残したメッセージにはこう書いてあった。

図書館は本があふれる建物以上の存在で、本は言葉があふれるページ以上のものです。

図書館、本、言葉、思想を支持します。

それから三カ月後、スコットランド国立図書館にまた別の紙の彫刻が現われた。英国で最も人気の高い推理作家、イアン・ランキンの〈リーバス警部〉シリーズ一七巻『最後の音楽』(二〇一〇年、早川書房、延原泰子訳)でつくった、蓄音機と棺の形をした本の彫刻だった。このとき発見されたメモにも「図書館、本、言葉、思想を支持します」というメッセージが残されていた。その後も、エディンバラ中央図書館、独立系映画館のフィルムハウス、スコットランド文化を保存するためのアート施設であるストーリーテリングセンター、そして作家博物館や国際図書展会場にまで、本の彫刻家からのサプライズプレゼントが相次いで届いた。このニュースが続けて報道されると、本の彫刻をひと目見ようと世界中からたくさんの人々がエディンバラにやってきた。大衆の好奇心が高まるにつれ、これは作家のイアン・ランキンが自分の本を宣伝するために企画したキャンペーンかもしれないという噂まで流れた。

しばらくして謎の彫刻家はBBCとのメールインタビューに応じ、一連のサプライズプレゼントの理由を説明した。「幼い頃、図書館やギャラリー、博物館などを自由に訪れることがなければ、私は今のように豊かな人生を送ることができなかったと思います。平凡な一個人のことより、こうした大切な場所にもっと関心を持ってほしいのです。すべてのミステリーを解き明かす必要はないと思います。これは『図書館、本、言葉、思想を支持する』すべての人たちについてのことなのです」

本の彫刻家が図書館に贈ったメッセージは、英国市民と政府に投げかけるものだった。英国の図書館は財政難に苦しんでいる。中央と地方政府の予算削減によって司書たちは職を失い、数百もの公共図書館が閉鎖された。イアン・ランキン、フィリップ・プルマン、J・K・ローリング、ゼイディー・スミスなどの作家たちがこれに抗議して、図書館支援の署名キャンペーンを行い、政府に対して「図書館を訪れる人々の足取りこそが文学の伝統を受け継ぐ道を踏み固めてくれるのだ」と強く主張した。

「図書館は民主主義を支える柱」。作家トニ・モリスンがニューヨークのショーンバーグ黒人文化センター創立九〇周年記念行事で語った言葉だ。韓国国会図書館館長のヒョン・ジングォンは著書『図書館民主主義（도서관 민주주의）』に、図書館は思考実験を可能にする空間だと書いた。そして、私たちの社会に民主主義制度が定着するためには、市民ひとりひとりが自分で判断できる能力を備える必要があり、そのための情報と知識を提供する図書館の発展が欠かせないと強調している。

その図書館を支える柱は利用者だ。図書館、本、言葉、思想を支持して後援するのは地域の人々なのだ。アメリカの図書館では利用者を「ユーザー」（user）ではなく、後援者という意味の「パトロン」(patron)と呼ぶ。この用語が時代遅れだとして「会員」(member)や「顧客」(customer)に変えようという提案や議論もあった。「会員」や「顧客」は排他的で商業的なニュアンスが漂う感じがして私はどうも気に入らない。図書館の利用者を「後援者」と呼ぶ慣行がこの先もずっと伝統として残ってくれたらと思う。

知識と芸術を支援する「後援者(パトロン)」の歴史は長い。ルネサンス期のレオナルド・ダ・ヴィンチやミケランジェロらのパトロンだったイタリアのメディチ家が有名な例だ。メディチ家はフィレンツェにラウレンツィアーナ図書館を設立して市民に開放した。一方、近代アメリカ図書館の最大の後援者は鉄鋼王と呼ばれるアンドリュー・カーネギーだ。彼は自身が築いた富を社会に還元する一環として、アメリカ全域に二五〇九館もの図書館を建てた。スコットランド出身の彼は、エディンバラ中央図書館の建設も支援している。図書館を後援するこうした伝統は今も生きている。世界最大の投資ファンド運用会社、ブラックストーン・グループのCEOであるスティーブン・シュワルツマンはニューヨーク公共図書館に一億ドルを寄付し、ゲイツ財団は、アメリカにある公共図書館にインターネット環境を整備するための支援を一九九七年から続けている。

公共図書館を支援するのは、何も企業だけではない。図書館を積極的に支援する市民はたくさんいる。アメリカでは、寄付をした人たちの名前を刻んだプレートが玄関にかかっている図書館がとても多い。地域の図書館を支援するために結成された非営利の慈善ボランティア団体「図書館友の会」（Friends of Libraries）の存在も大きい。彼らは主に図書館内で中古書店を開き、定期的なチャリティーイベントで募金活動をするなど、さまざまな形で図書館を支援している。

図書館内の中古書店にまつわる思い出がひとつある。司書の仕事を始めて間もない頃のことだ。忙しく開館準備をしていた私に、館長がついてこいという手振りをして突拍子もないことを言いだした。「今から買い物に行こう！」

忙しいのに朝っぱらから買い物？　利用者が押し寄せる前にすべきことがたくさんあるのに。そもそも勤務時間内にショッピングなんかしてもいいの？　そんなことを思っていた私が館長に連れられて一〇秒後に到着したのは、図書館のロビーにある中古書店だった。戸惑う私を見て館長が言った。「さ、選ぼうか！」

まだ準備中の箱や書架には新刊図書がたくさん積まれていて、まるで宝の山のようだった。図書館への後援金で追加購入しようと思っていた人気図書も見つけた。そこにあったのはすべて、地元の人たちが買って読んだあとに寄贈した本だった。この日は「図書館友の会」運営スタッフの協力のおかげで人気の新刊図書を蔵書に追加できた。これで利用者の予約待ち期間を短縮できる。こんなふうに、いらなくなった本は中古書店へと運ばれて、目ざとい読者たちに見つけてもらうのを待つのだ。

発売ほかほかの新刊を自分で買って読んだあと、司書に直接寄贈してくれた利用者たちを思い出す。図書館で本を借り、書店で本を買い、図書館の中古書店に本を寄贈して、図書館でまた借りて……こうした本の好循環を間近で見ながらあらためて感じたことがある。図書館を定期的に訪れる利用者は、書店にもよく行く人たちだ！

公共図書館を支えるためには、少数のお金持ちによる慈善事業よりも地域の人々の協力が欠かせない。しかし残念ながら、地域住民の所得と寄付金は比例していて、図書館ごとの貧富の差が日増しに深刻になっているのが現状だ。これは私たちの社会が解決しなければならない課題だと思う。

先日、韓国のバラエティ番組「The Book U Love」（著名人から人生の一冊を寄付してもらい、図書館が足りない地域での図書館建設を支援する分かち合い文化トークショー）を見ていた私は、長い間忘れていたありがたい人のことを思い出した。司書時代に、勤務先の図書館で韓国語図書寄贈キャンペーンを行っていたときのこと。地元韓国人向けの新聞に掲載されたキャンペーン記事を読んだ高齢の方が、韓国の本を購入するのに使ってほしいと五〇ドルの小切手を送ってくれた。同封された手紙にはこう書かれていた。「政府の助けで生活している身の上なのであまりお役には立てませんが、私の小さな真心だと思っていただければ嬉しいです」

思い出の箱に大事にしまっておいたこの古い手紙を取り出して読み直すと、いまも目頭が熱くなる。その方に伝えられなかった言葉をここに残したい。
図書館を支えてくださってありがとうございました。

図書館で老いる楽しみ

「多くの高齢者にとって、図書館は、ほかの世代と交流する最大の機会を与えてくれる場所だ」

――エリック・クリネンバーグ『集まる場所が必要だ』（二〇二一年、英治出版、藤原朝子訳）

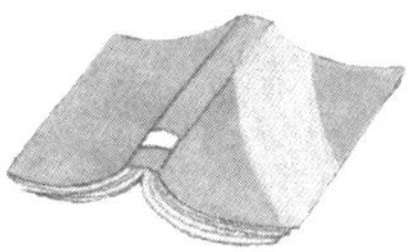

韓国に一時帰国中、母と二人であるコーヒーチェーン店に行った。席に着くなり母が私に耳打ちする。

「さっさと飲んで店を出よう。こんなところに年寄りが長居したら若い人が嫌がるから」

それを聞いて、母が社会でのけ者にされているような気がしてとても悲しかった。私の母のように周りの目を気にするお年寄りが多いせいか、はやりの場所では高齢者をあまり見かけなかった。都会にはお金を使わずに他人とコミュニケーションできる空間が意外と少ない。地下鉄の車内や山にお年寄りが多いのは、無料で行けて、他人の目を気にせず長時間いられるからかもしれない。

一方、誰もが無料で行ける公共図書館は、誰のこともの け者にしない公共の空間だ。韓国よりひと足先に高齢社会に突入したアメリカでは、高齢者たちが多くの時間を過ごす場所でもある。私が初めて勤めた図書館では七〇〜八〇代の利用者がずいぶん多かったが、その中に他の地域のシニアタウンからシャトルバスに乗ってくる高齢者がいた。向こうにも図書館があるのになぜわざわざ遠くまで来るんだろう？　ずっと気になっていた私は、ある日それとなく尋ねてみた。

「遠くからシャトルバスに乗ってくるのは大変じゃないですか？」

「いいや、まったく。私はここにくるのが好きなんだよ。新しくできたばかりだし、広くて施設も立派で。うちの近所の図書館は年寄りばかりだけど、ここは若い人も多くて活気があるんだ。かわいいちびっ子たちを見ることもできるし、おまけにここの司書さんたちはとっても親切だしね」

「そうですか？　ありがとうございます」

とっても親切な司書のうちのひとりだった私は、お年寄りの利用者たちに人気があった。アメリカ人司書たちのように、彼らとの長話を適当に切り上げることができなかったから。年長者の話には常に耳を傾ける儒教的な敬老精神をアメリカの地でも実践していた私は、いつしかお年寄りたちの話し相手になっていた。そして、話し相手を求めて図書館を訪ねる人が多いことを知った。

毎朝タイムカードを押すように案内デスクへ来ていたお年寄りたちを、今でもときどき懐かしく思い出す。『バリュー・ライン（*Value Line*）投資調査書』や『バロンズ（*Barron's*）』といった金融情報誌を借りて株の話をしてくれたおじいさん、司書たちに面白い本をたくさん教えてくれた本のオタクのおばあさん、暖炉の前でイビキをかきながらうたた寝していたおじいさん。中でも一番記憶に残っているのは、図書整理ボランティアをしていたおばあさんだ。パーキンソン病を患っていたせいで足取りはおぼつかなくて、両手も震えていたけれど、その手で本を持つことができる間は図書館の役に立ちたいと言っていた。

ドキュメンタリー映画「ニューヨーク公共図書館　エクス・リブリス」には、ある八〇代のボランティアスタッフが「図書館にいるだけで生きる力が湧いてくる」と語るシーンがあるが、私も同じだ。図書館にいるだけで力が湧いてくる。この空間が与えてくれる癒しのようなものがあるのだ。以前ある利用者が、子どもの頃に愛書家の父親と一緒に図書館で本を読んでいたのがいい思い出になっているというのを聞いた。その人は毎月図書館に来て、今はもう亡くなってしまった父親を偲んで本を読みながら心の安らぎを得るのだと言った。このように図書館は、誰かにとっては癒やしの空間であり、また誰かにとっては追憶の場所でもある。

スイスにあるザンクト・ガレン修道院図書館の入り口には、「魂の病院」と書かれたプレートがかかっている。我が街の図書館は私の魂の避難所だ。実際にこの地域で地震が起こったときにはシェルターにもなる。心に地震が起こったとき、私は図書館に行く。きちんと整理された書架の間を歩いて、少しの間本を読めば、もつれて絡まった心の糸が少しずつほぐれていくような気がする。神経科学者のアレックス・コーブも、著書『上昇スパイラル（*The Upward Spiral: Using Neuroscience to Reverse the Course of Depression, One Small Change at a Time*）』の中で「気分がだんだん沈んできたと思ったら、図書館やコーヒーショップのように人がいる場所へ行きなさい。他人と対話する必要はない。ただ物理的に、同じ空間にいるだけでも楽になる」とアドバイスしている。

公共図書館は、子どもや青少年、大人や高齢者など、地域の人たちが触れ合うことができる唯一の空間だ。図書館は本を借りるだけの場所ではなくて、他人とすれ違ったり向き合ったりしながら、いろんな人の人生を垣間見ることのできる場所でもある。私が子ども専用図書館を建てることに反対なのはこうした理由からだ。世代や性別、階層間の対立が深刻化する最近の韓国で、公共図書館はこれまで以上に必要となるコミュニケーションの場であり、市民教育の場でもある。いつだったかツイッター（現X）で、図書館内を子どもたちが走り回るのが許せないとか、年寄りは来てほしくないなどといったひどい言葉が流れてくるのを見たことがある。

投稿した人に言ってやりたい。あなたも昔は子どもだったし、いつかは年寄りになるんですよ。

高齢者の増加で図書館でも年配の利用者向けサービスが広がった。アメリカの公共図書館では年齢ごとに集団を細かく分けていて、高齢者の中でも比較的若くて就労可能な人たちには、再就職やリカレント教育、再社会化教育を行っている。また後期高齢者と呼ばれる年齢の人たちには、認知症予防教育と同時にアート活動を通して健康度や幸福度を高めることができるという「クリエイティブエイジング」教育を、活動範囲に制約がある超高齢者たちには、訪問サービスや移動図書館などのサービスを提供している。さまざまな情報にアクセスできない層を対象にしたデジタルリテラシー教育も年を追うごとに重要になってきた（YouTube にあふれるフェイクニュースを信じてしまうお年寄りにはこうした教育が今すぐに必要だ）。認知症予防と認知症患者の看病など、高齢者の健康に関する情報を共有するプログラムも人気がある。認知症関連の図書や冊子、オーディオブック、大きな文字で書かれた本や雑誌、新聞など、高齢者が必要とする資料と一緒に拡大鏡などのグッズを一カ所に集めた高齢者に優しい空間は、公共図書館をデザインする上で重要な要素になっている。

新型コロナによるパンデミックで、図書館の多くのサービスも非対面方式に変わった。そのせいで高齢者の利用が少なくなってくると、図書館は彼らが孤立しないように新しいアイデアをどんどん取り入れた。ミズーリ州にあるセントルイス公共図書館は、地域の貧困層のお年寄りたちに、高齢者でも使いやすいインターフェイスと機能を備えたタブレット「グランドパッド」をインターネットにつながる状態で一年間無償貸与した。トロント公共図書館では、孤立した高齢の利用者たちの安否を確認するために、三万五〇〇〇回以上電話をかけた。また英国のイプスウィッチ公共図書館の司書たちは、新型コロナが蔓延しているせいで自宅にこもって生活せざるを得なかった一〇二歳の利用者ドリスに、定期的に電話をかけて見守った。通話中に彼女が、幼い頃に図書館で初めて借りた『クレアの肖像』（*Portrait of Clare*）（初版一九二七年発行）をオーディオブックでまた読んでみたいというのを聞いた司書たちは、すでに絶版になった本を自費で購入した上、朗読を録音したものをCDにしてあげた。この話を聞いたとき私は、司書は図書館や蔵書よりも地域と利用者のことを考えなくてはならないこと、そして本を好きなこと以上に、人を好きであればこそやりがいのある仕事だということを改めて教えられた。

図書館で生きる力を得る人がいる一方で、図書館で人生を締めくくる人もいる。一九九三年のある日、マギー・フェルプスという七〇代の利用者が、パーム・スプリングス公共図書館にやってきた。館長に自己紹介をした彼女はこう言った。「これまで多くの時間を過ごしたこの図書館は、私が所属することのできた唯一の神聖な場所です。実は病気で長くは生きられないのですが、私のお葬式をここでしていただけませんか？」

それを聞いた館長は必ずやりますと答えた。そして数日後、彼はホスピス病棟にいるマギーを訪ねた。館長に自分の所持品を渡そうとマギーが最初に取り出したのは図書館カードだった。それからしばらく経って、図書館ではマギーのお葬式が執り行われた。館長は追悼の言葉をこう述べた。「マギーさんを偲ぶために、一九七九年に開館して以来初めてこの図書館が日曜日に開いているのを知ったら、彼女はとても喜んでくださることでしょう」

図書館で人生を終えたマギーは、図書館があったから寂しくなかったと思う。私もいつかおばあさんになるけれど、図書館があると思えば老いてゆくのも怖くない。

寄る辺ない人たちのオアシス

「図書館へ足を踏み入れることで、社会的排除、失業、貧困から抜け出す一歩を踏み出せることが多い」

――ダレン・マクガーヴェイ『ポバティー・サファリ』(二〇一九年、集英社、山田文訳)

二〇一八年、英国のオンライン書店Worderyが、世界中の美しい図書館を対象にインスタグラムのハッシュタグを分析した結果、シアトル中央図書館が「世界で最もインスタ映えする図書館」第一位に選ばれた。設計を請け負ったのは有名建築家レム・コールハース。一位になったのは彼の名声によるものだろうか？　実際の図書館はどれほどかっこいいのか、ぜひとも自分の目で確かめたくなった。こうして私のシアトル図書館旅行は始まった。

現地に着いて、図書館の立体的な空間を感じて歩きながら、芸術的造形物としてさまざまな姿を見せてくれる素晴らしい建築をじっくり鑑賞した。司書や利用者には多少不便そうな点も目についたけれど、旅行者にとっては素敵な場所だった。しかしその感動はすぐにため息に変わった。アメリカ社会の暗い一面を目の当たりにしたからだ。

実はシアトル中央図書館の主な利用者はホームレスの人たちだ。住宅価格の急騰によって、アメリカ西部にある大都市の路上生活者問題が日ごとに悪化する中、この地域の公共図書館ではホームレスの利用者を対象に、心理相談などのメンタルケアを提供し、就職、法律、医療、住居、職業訓練を支援して携帯電話も支給している。それ以外に、シャワーがある施設や簡易シャワー付き車両、シェルターなどの案内もする。特に印象的だったのは、ホームレスの利用者たちがシェルターに連絡できる無料公衆電話だった。彼らを見守って配慮する図書館があってよかったと思いながらも、私は心苦しくてたまらなかった。失敗した福祉国家と批判されるアメリカでは、地域の公共図書館が社会の「重荷」を背負う形になっているが、図書館がいくら奮闘してもホームレスの数は増えるばかりだ。公共図書館におけるホームレス問題を取り上げた映画「パブリック 図書館の奇跡」（エミリオ・エステベス監督、二〇一八年）では、終盤に「俺は奇跡を探してるんだ」というセリフが出てくる。でも無関心な人々があふれる中で奇跡なんか起こるのだろうか？　私はこの映画をぜひ観たかったが、上映しているところが少なくて遠くの街の大学の近くにある映画館まで行かなければならなかった。その日の観客はたったの四人。一緒に行った司書仲間三人と私……。

アメリカで格差が最もひどいカリフォルニア州の公共図書館では、両極端な現状を見ることができる。図書館の貧富の差はこんな感じだ。税収の多い豊かな街では、自治体の財政で公共図書館を建て、住民たちによるサポート活動も活発だ。しかしサンフランシスコやロサンゼルス、サンディエゴなど大都市の中心街に位置する公共図書館では、利用者の多くがホームレスのため、悪臭や騒音などに対する苦情に頭を悩ませているという。逆に、高級住宅が立ち並ぶ郊外の裕福なエリアの図書館ではホームレスの姿はまれで、全く見かけないこともある。つまりそうした地域では、図書館がホームレスを保護するための費用や人的負担が少ないわけだ。

私が勤めていた図書館にも、路上生活をする利用者たちが定期的にやってきた。あるとき、車の中で暮らしているホームレスがスーパーのショッピングカートを押して図書館に入ってきたのでびっくりしたことがある。そのとき私は初めて、アメリカの図書館の前に置かれたショッピングカートは利用者のためのものではなく、家のない人たちが家財道具を載せているものだということを知った。次の勤務先ではホームレスをあまり見かけなかったので、気になって先輩の司書に尋ねてみた。

「この図書館にはホームレスの人たちがあまり来ないんですね。まだ一度も見かけてませんよ」

「警察がホームレスを見つけ次第、車に乗せて隣の街に置いてくるからね」

「……」

ジョークではない。二〇二〇年、その地域でホームレスのためのシェルター建設を計画していたところ、住民たちの反対で計画自体がなくなったらしい。寄る辺を失った人たちは、今この瞬間も街をさまよっているのだろう。教育水準が高く、専門職につく住民が多い地域ほど、NIMBY（Not In My Back-yard〝わが家の裏庭には置かないで〟）現象が甚だしい。とても悲しいことだと思う。世の中には勉強ができて能力のある人はたくさんいるけれど、私は親切な人がもっと増えればと思う。

階級や肌の色、社会的地位に関係なく、誰でも自由に出入りできる図書館は、路上生活をする人たちにとっては自宅のような安息所だろう。雨、雪、そして暑さと寒さから逃れるための避難所でもある。図書館は情報の死角にいる人たちが世界と知識にアクセスできるようにしてくれる場所だ。残念なことに、ホームレスに対する偏見は依然としてあるし、人々の視線は今も厳しい。「図書館にホームレスたちを入れないでください」「図書館にホームレスが多すぎじゃないか」こうした言葉から透けて見える差別と嫌悪は、社会で最も弱い人たちをさらに崖っぷちへと追い詰めるのだ。

シアトル中央図書館は、設計の段階からホームレスが主な利用者であることを認識していて、すべての面において配慮を施した。レム・コールハースと共同で設計にかかわったジョシュア・プリンス＝ラムスは、TEDトークで「シアトル中央図書館は、図書館が最後に残された公共空間だという認識を関係者みんなが共有したからこそ実現できた」と語った。彼が「区画化された柔軟性」と説明した図書館の五つのプラットフォームは、社会的役割を果たす空間と、未来の役割をデザインする空間の両方を兼ね備えている。建物のレイアウトを見ると、三分の一が蔵書空間、残りは社会福祉のための自由な空間、つまり、進化しながら変化する空間だ。社会福祉が本の貸出と同じくらい重要だということを教えてくれたのが、司書ではなく建築家だったという事実に私はとても驚いた。クリエイティブな建築が提示する新たな視点に、図書館側もきちんと応じているように見えた。シアトル中央図書館は、子ども、高齢者、移民、少数民族、失業者、低所得者層、情報にアクセスしにくい人、性的マイノリティなど、地域のすべての人たちに奉仕しながらみんなを見守る施設なのだ。図書館を閉めざるを得なかったコロナ禍には、ホームレスのために地域にある分館五カ所のトイレを開放したこともある。今から二〇年以上前の一九九八年、シアトルは「すべての人に図書館を」というスローガンを掲げ、手狭になった図書館の新築と拡大を住民投票で勝ち取った街だ。

レム・コールハースの建築を取り上げたドキュメンタリー「REM（レム）」で、シアトル中央図書館を利用するあるホームレスがこんなことを言っている。麻薬の代わりに選んだ音楽と文学は人生の脱出口であり、図書館は再び自立できるという肯定と精神的な安定をくれる空間だと。図書館が空間をつくろうとするとき、そしてそこでプログラムを企画するときには、いかに地域社会の弱者を配慮すべきかを見せてくれたシアトル中央図書館。私はここを「世界で最も人間的な図書館」に選びたい。

騒がしい図書館

「もちろん、うるさいほど騒ぐのは困りますけど、図書館はたくさんの人たちが利用する場所ですからね。人が多ければ音がするのは自然なことです。お互いに少しずつ理解しあって配慮しようと心がければ……」

――ユ・スンハ『日々図書館を想像して（날마다 도서관을 상상해）』

まるでどこかの市場みたいなこの雰囲気はいったいなに？　ここは図書館だよね？　むずかる子ども、クスクス笑う少年少女、本や天気の話に夢中な大人たち、耳が遠いのか大声で話すお年寄り、コピー機がうなりプリンターがせっせと印刷する音、カチカチとマウスをクリックする音、キーボードを叩く音、コトンコトンと返却箱に本を入れる音、カートに本を載せてガタゴトと押す音など、いろんな音が私の鼓膜に響いた。建物の一角にある「quiet room（クワイエット・ルーム）」と呼ばれる静寂読書室だけは、さすがにページをめくる音が聞こえるほ

ど静かだったが、司書の私が配置されたのは、フロアの真ん中にぽつんと置かれた案内デスク。放課後のプログラムが始まる午後になると、図書館のデシベルが天井を突き抜ける勢いだった。騒音が波のように四方から押し寄せる場所で、「ここはどこ？　私はだれ？」と思いながら同僚の司書に尋ねた。

「この図書館っていつもこんなにうるさいんですか？」

「ははは、それでも今日はちょっとマシかな。すぐに慣れますよ」

音に敏感な自分がこんな環境でまともに仕事ができるだろうか、と出勤初日から不安になる私。しかしそれは杞憂に過ぎなかった。完璧に順応した。それもたった一日で。ただ同僚が教えてくれなかったことがひとつある。利用者からひっきりなしに投げかけられる質問やリクエストに対応する司書こそが、実は図書館で一番騒がしい人間なのだ。

ある日こんなことがあった。七〇歳をとうに過ぎた最高齢アシスタントのSさんが、補聴器をつけ忘れた朝のことだ（定年がないアメリカでは、図書館職員たちの平均年齢が比較的高い）。私の隣の席で、利用者に何かを説明するSさんの声がいきなり図書館中に響いたのだ。コンピュータのある机の前に座っていた青年が、腹に据えかねた表情で案内デスクの方に向かって、静かにしてくれというジェスチャーをしてみせた。人差し指を口元に当てて「シーッ！」という司書のイメージは虚像でしかなかった。

だからといって図書館がどんな騒音でも広い心で受け入れるわけではない。携帯電話の呼び出し音や通話する声、そして必要以上に大声で話す利用者は図書館でも歓迎されない。司書は、図書館のマナーとルールに反する利用者の行動を阻止する義務がある。私がいた図書館では、成人利用者たちに言葉で注意する代わりに「静かな声（Library voice）で話してください」「携帯電話はマナーモードにしてください」などと書かれたメモをそっと渡す。言われた利用者がきまりわるくないようにとの配慮だったが、まるでイエローカードで厳重に警告しているようで、メモを差し出しながら気まずかったことも多い。最近では、館内で音楽を大音量で鳴らしたり踊ったりして他の利用者の反応を見せる映像で再生回数を稼ぐ迷惑ユーチューバーに頭を悩ませている。さすがにここまでくると「出ていってください」と書かれたレッドカードで追い出さなければならない。これを読んでこんなばかげた行動を真似る人が出ませんように。

私が見る限り、アメリカ人は子どもの声に寛大だ。図書館でぺちゃくちゃとおしゃべりをする子どもたちがいても、うるさいと言わんばかりに睨みつけたり叱ったりする大人を見たことがない（司書を叱りつける利用者を見たことはあるけれど）。小さな子が床に寝ころがって泣き叫んだり、自閉スペクトラム症の子が突然大声をあげたりしても、おさまるまで待っている職員や利用者たちを見て、これが韓国だったらどうだろうと考えたりもする。さっきまで大騒ぎしていた子どもたちが図書館を出ていくと、「ははは、これでちょっと静かになりましたね」と言いながら笑う余裕を見せる大人たち。公共の場所で子どもたちの泣き声を大目に見る社会の配慮こそが、成熟した市民意識のあらわれではないだろうか？

二番目の職場だった地域拠点図書館では、子ども用閲覧室がうるさいと、いつも苦情を言いにくる学生がいた。古い建物なので静寂読書室がなく困っていたところ、館長が意外な解決法を見つけてくれた。なんと、耳栓！　図書館で子どもたちに「静粛」を要求するわけにはいかないだろうと、学生に耳栓を手渡す館長の声はその日に限って力強く響いた。利用者に耳栓。なぜこれまで思いつかなかったのだろう？

ドイツのハンブルク市立図書館を訪ねたとき、耳栓の自動販売機を見たことがある。世界で初めて航空機騒音防止法を制定した国はドイツだし、反騒音団体をつくった哲学者テオドア・レッシングはドイツ系ユダヤ人だ。なんと耳栓を発明した人もマキシミリアン・ネグヴェルというドイツの薬剤師だ。世界初の耳栓製品「オロパックス」（Ohropax）は「耳」を意味するドイツ語の「オア」（Ohr）と「平和」を意味するラテン語「パックス」（pax）の合成語で「耳の平和」を意味する。耳の平和を大切にするドイツ人たちも子どもの声には寛大だ。二〇一一年、ドイツ政府は連邦イミシオン防止法を改正し、「児童保育施設、児童遊戯施設、およびそれに類する球技場等の施設から子どもによって発せられる騒音の影響は、通常の場合においては、環境に悪影響を与えるものではない」（二二条一項a号）と規定することにより、子どもがたてる騒音が法廷争いにまで発展しないような制度を設けた。最近はアメリカでも、利用者の「耳の平和」のために耳栓やノイズキャンセリングヘッドホンを備え付けてレンタルする図書館が増えた。周りの音に激しいストレスを受ける自閉スペクトラム症の子どもたちには、不安を軽減するためにふわふわした柔らかい材質のおもちゃや、重さがあって安心感を与える加重毛布などを耳栓と一緒に提供することもある。

これとは正反対に、「耳の楽しみ」のために図書館でコンサートやダンスパーティーが開かれたりもする。私のいた図書館では、地元の青少年バンドを招いて閲覧室でロックコンサートを開いたことがある。書架の前に舞台をつくると、まるでアメリカ公共放送NPRの人気音楽番組「Tiny Desk Concert」のようだった。番組では、小さなオフィスの一角のようなセットで、歌手たちがとてもリラックスしているように見えるが、図書館だって楽しいイベントを通じて、地域住民にとってもっと居心地のよい空間にできると確信した。閲覧室をにぎやかなレスリング競技場にしてしまった図書館もある。ウィスコンシン州ミルウォーキー公共図書館は「うるさい図書館の日」(Library Loud Days)を定期的に開催していて、レスリングの試合やラップバトルを開催したこともある。図書館に集まった地元の住民たちがみんな大声で応援しながら親睦を深めるのだ。二〇〇二年の日韓サッカー・ワールドカップ開催当時、ソウル市庁のそばにある光化門《クァンファムン》広場でスティックバルーンを叩きながら応援歌の「オー! 必勝《ピルスン》コリア」を大声で歌って韓国人がひとつになったように。

私はシーンとした図書館が嫌いだ。人が歩く音、ページをめくる音、息をする音までがいちいち気になるほどの静寂が流れる図書館は、寒々としてどうも居心地が悪い。議論して、体験して、学ぶ人たちの声が飛び交い、自閉スペクトラム症の人、小さな子ども、学生、高齢者など、地域のみんなが楽しく利用してコミュニケーションができる、そんなにぎやかな図書館がいい。図書館の騒音は私たちの街の音だ。音もなく近づいてきた新型コロナウイルスによって街が封鎖されたとき、図書館は一瞬にして寂寞《せきばく》としてしまった。騒がしい市場のような図書館が本当に恋しい。パンデミックが終息して、みんなが日常と活気を取り戻し、図書館のデシベルが高くなる日が早く来ますように。

図書館をつくる建築家たちへ

「どんな図書館員も、ある程度までは建築家だといえる……図書館員は自分のコレクションを一つの集合体として築きあげる。読者はそこに道を見つけ、自分を発見し、生きる」

――アルベルト・マングェル『図書館　愛書家の楽園』（二〇〇八年、白水社、野中邦子訳）

あるとき、昔の上司だったHさんに会うためにシリコンバレーにあるサンタクララ市立図書館を訪れた。Hさんは私の知る中で最もアイデアにあふれた司書であり、私のメンターだった。今は引退してしまったけれど、かつて彼は市の図書館を統括するディレクターを務めていた。ガイドさながら図書館のあちこちを紹介していたHさんが、改築工事中の二階の隅でふと足を止めた。

「前に職員が使っていた仕事部屋を、利用者も使える会議室に改造してるんだ。ここ以外にも変えなくちゃいけないところが多いんだけど……費用もかかるし、許可申請の手続きも複雑でね、簡単じゃないよ」Hさんはしばらく間をおいてから話を続けた。

「でもね、できることなら私が直接図書館を設計してみたいんだよね」

「私もです！」

そう、司書なら誰だって一度くらい考えたことがあるはずだ。それに、かつて実際に図書館をデザインした司書だって存在する。大英図書館の前身である大英博物館図書館で、一八五六年から一八六六年まで館長を務めたイタリア出身の司書アントニオ・パニッツィは、内部を一望できるパノプティコン形式の閲覧室の草案を設計した。大英図書館の閲覧室は円形閲覧室の源流と言われ、米国議会図書館とカナダのオタワ議会図書館でも採用されている。

マンハッタンの五番街に位置するニューヨーク公共図書館は、初代館長のジョン・ショウ・ビリングスが描いたスケッチに基づいて建てられた。書架にある本はベルトコンベヤと昇降機で閲覧室の利用者に迅速に届けられるようになっている。アメフトスタジアムサイズの閲覧室を支えているのは七段になった書架の鉄の支持台で、同時にこれが建物の柱となるように設計されている。本は利用者の近くにあるべきだというビリングスの哲学が込められた、当時としては革新的なデザインだった。しかし構造的に建物を支えている書架は、改築するときに大きな障害となった。よりオープンなスペースをつくるためには書架を取り外す必要があるが、それはまるで食事中にテーブルの脚を切断するのに等しいと専門家たちに指摘されたため、結局その書架は依然としてニューヨーク公共図書館の骨組みとして残っている。

図書館が技術の変化や社会のニーズに合わせてスピーディーに進化するためには、頻繁な改築を念頭に置いた可変的空間デザインが必須だ。新型コロナウイルス感染症のパンデミックという予想外の危機を経験して、図書館はこれまでとは違った姿に変化しようとしている。すべてを一カ所にまとめるのではなく、ポップアップ図書館や移動図書館サービス、セルフ手続き端末、ビデオプログラムと遠隔情報サービス、最新会議システムを備えた会議室などは、建築事務所ゲンスラーが司書を対象に行ったアンケート調査をもとにまとめた次世代図書館のキーワードだ。在宅で勤務する人が増えれば、公共図書館が第三の仕事場として機能し、遠隔医療の需要が増加すれば、今後インターネットとプライベートな空間、サポート人材まで備えた公共図書館が、疎外された地域住民に医療へのアクセスを支援することになるだろうという見方も出ている。

図書館は利用者のさまざまなニーズを満たす多目的空間として、年齢や階層にかかわらず、たくさんの人々が交流できる「社会的混合」(social mix)の場であるべきだ。だから図書館をデザインすることは建築家にとって難しくも新しいチャレンジだと思う。

図書館の設計を「頭の中でパズルのピースを組み合わせること」になぞらえたオランダの建築家、フランシーヌ・ホウベンは、ワシントンDCにあるマーティン・ルーサー・キング・ジュニア記念図書館の改築を統轄した。建築家ルートヴィヒ・ミース・ファン・デル・ローエがデザインし、一九七二年に開館したこの図書館は、窓の近くにある書架スペースが明るすぎて蔵書の保存に適さず、反対に窓のない事務室は薄暗くて職員の作業環境としてもあまり良くなかった。改築に先立ってフランシーヌ・ホウベンは、図書館が地域社会に存在する意味を理解するために、マーティン・ルーサー・キング・デーのイベントに参加した。また、図書館側の要求事項と改善点を把握するために、利用者と職員たちにインタビューもした。それにしても気になる。ミースが最初にこの図書館を設計する際にも、こうしたことをしたのだろうか？

私が働いていた図書館を設計した建築家にも訊いてみたい。司書の事務室をフロアの真ん中に配置した理由はいったい何ですか？　利用者たちがやたらと中を覗き込もうとするので、窓があってもブラインドをおろさなくちゃならなかったんですよ。薄暗い蛍光灯の下、かすむ目で本をチェックしなくちゃならない司書たちの苦労を、一度でも考えたことがあるんですか⁉どうして閲覧室をこんなふうにつくったんだろう、なぜ書架をあんな配置にしたんだろう、どうしてこんなに暗いんだろう、なぜここに窓があるんだろう（あるいは、ないんだろう）……。一日中館内を隅々まで歩きまわりながら過ごす司書は、当然ながら図書館という空間に不満が多い。世界的建築家レム・コールハースが設計したシアトル中央図書館に勤める司書たちだって例外ではない。この図書館には「ブックスパイラル」（books piral）と呼ばれる書架がある。

螺旋形駐車場のように六階から九階までつながった書架だ。蔵書の拡張と移動の利便性を考慮して、デューイ十進分類法の〇〇〇から九九九の順に配置されている。初めて訪れたとき司書たちに「ブックスパイラル」の長所と短所を訊いたことがある。答えはこうだった。

「フロアが〇・五階ずつ二つの階に分かれていて、利用者たちにはわかりにくいようです」

「天井がプラスチック資材でできているので音が響くんですよね」

「防音じゃないのでうるさくて話し声がよく聞こえないときがあります。あまり換気もできないし」

長所は？　と訊くと、シンプルな答えが返ってきた。

「そうですねえ、特にありませんね」

利用者の立場から見ても、今ひとつ使いにくそうな構造だった。上がったり下がったりしながら書架を見てまわるとちょっとクラクラする。とにかく、文句の多い司書や利用者はどこにでもいるから、どんなに立派な建築家でも、みんなを満足させられる図書館を建てることなんてできないのだろう。

ポストモダン建築の第一人者、マイケル・グレイヴスの設計で有名なカリフォルニア州サンファン・カピストラーノ図書館は、おしゃれな外観とインテリアにもかかわらず司書たちに酷評されている。ワンフロアをいくつもの区画に分けて書架と閲覧室を配置するなんて全く実用的でない。鬼ごっこするにはもってこいだけど。実際に自分の目で確かめてみた私は、司書たちがなぜ困っているのかすぐにわかった。おそらく彼らは、毎日閉館時間になると仕切られた閲覧室をひとつずつ出たり入ったりしながら、利用者が残っていないか隅々までチェックしないと退勤できないはずだ。ある司書は、図書館を施錠して出ようとしたときに、まだ中にいた利用者の悲鳴が聞こえてびっくりしたことがあると言った。こんな経験がある司書なら、利用者全員を簡単に監視できる刑務所のような円形閲覧室のほうが好きかもしれない。司書のほうも利用者の視線を避けられないから監視されている気持ちになるだろうけど、少なくとも帰り際に、突然幽霊のように現れる利用者に出くわすことはなさそうだから。

私は、子ども用と大人用に分かれた閲覧室より、みんなが一緒に使う閲覧室のほうがいい。本が多い図書館は好きだけど、本だけが多い図書館は好きじゃない。書架がいっぱい並ぶ図書館より、利用者でいっぱいの図書館がいい。美しい図書館が好きだけど、美しいだけの図書館はイヤだ。これと同じ内容の話も、言う人によって何倍にも素敵になる。テキサス大学オースティン校文献情報学部のデビッド・ランケス教授は「悪い図書館は蔵書を積み上げ、良い図書館はサービスを構築し、偉大な図書館は共同体を形成する」と唱え、建築批評家のエドウィン・ヒースコートは『フィナンシャル・タイムズ』の社説に、ベストセラーのギャラリーではなく、社会的役割を果たすことのできる図書館を建てなければならないと強調した。

さて、その「社会的役割」と「共同体の形成」という目標にふさわしい図書館はどうすれば建てることができるのだろう？　フィンランドの首都ヘルシンキでは、中央図書館オーディを建てるために市民から約二〇〇〇個にのぼるアイデアを募集した。韓国の全州《チョンジュ》はトゥイーン（tween）世代（「一〇代」を意味するteenagerと「間」を意味するbetweenを組み合わせた用語で、児童というには大きく、ティーンエイジャーというにはまだ幼い世代）に合わせた図書館「ウジュロ一二一六」の設計過程で、青少年たちの集団知性を活用した。ここをデザインした建築家は「柱の周りにソファがあればいいいな」と言ったある利用者の希望を設計図にしたためた。

図書館は本の聖地ではなく、地域という共同体の聖地となるべきだ。図書館が「蔵書からつながりへ」（collection to connection）というスローガンを掲げ、地域のコミュニケーション空間を拡大する理由はここにある。図書館を巡礼する利用者は、地域共同体の聖地で何ができるだろう？　カリフォルニア州にあるマンハッタン・ビーチ図書館の階段の壁にはこんな言葉が書かれている。「読んで、書いて、学んで、会って、聞いて、発見して、探検して、運動して、遊んで、観察して、歌って、踊って、そして創作して、つくって、経験して、尋ねて、討論して、検索して、調べて、休む」

図書館を建てる人たちが必ず覚えておくべき動詞だ。

二十世紀きっての図書館オタクの夢

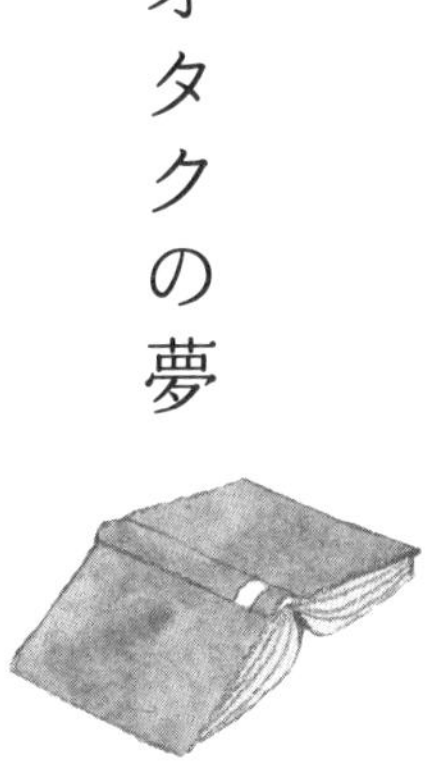

「だから私は図書館に通いつめた。図書館は魅力的だ。時に鉄道駅のホームにいるようで、見知らぬ外国の本を見ながら遠くの土地に旅行する気分になる」
――ウンベルト・エーコ『プラハの墓地』(二〇一六年、東京創元社、橋本勝雄訳)

二十世紀最高の知性、記号学者、言語学者、美学者、哲学者、小説家、そして歴史学者。ウンベルト・エーコを修飾する言葉はたくさんあるけれど、私はここに「二十世紀きっての図書館オタク」を加えたい。ウンベルト・エーコとジャン=クロード・カリエールの対談集『もうすぐ絶滅するという紙の書物について』(二〇一〇年、阪急コミュニケーションズ、工藤妙子訳)には、彼が訪れた図書館の話がたくさん出てくるが、その数だけを見ても彼の「オタク度」がわかる。

ライトは国立図書館にあるようなタイプの緑のライトがいいですね……トロントの図書

館みたいな完璧にモダンな図書館……では、イェール大学のスターリング記念図書館の、ゴシック様式風の、各階に十九世紀の家具を設えた建物のなかで感じるような、保護されているような感覚は得られません。……『薔薇の名前』の図書館での殺人事件を思いついたとき、イェール大学のスターリング図書館で仕事をしていたんですよ。

学位論文を書いていたとき、サント＝ジュヌヴィエーヴ図書館で多くの時間を過ごしました。

ポルトガルのコインブラの図書館に行ったときの話です。

トンブクトゥの図書館には行ってきましたよ。死ぬ前に一度はトンブクトゥに行くのが夢の一つだったんです。

私の夢のひとつは、死ぬまでに地上のすべての美しい図書館を訪ねて旅をすることだ。二〇一五年、スイスのザンクト・ガレン修道院図書館を訪問した。ツアーガイドは「ウンベルト・エーコがここを訪れたことがあります。彼はこの場所で小説『薔薇の名前』のインスピレーションを得たんです」と得意げだった。その翌年に行ったオーストリアのメルク修道院図書館でも同じ話を聞いた。ドイツのシュトゥットガルト市立図書館を訪れた際には、エーコが開館式で記念スピーチをした話を聞いた。彼は私のバケットリストにある旅行先のひとつ、エジプトのアレクサンドリア図書館でも祝辞を述べたという。どうやらウンベルト・エーコの足跡をそのままたどれば、私の夢を叶えることができそうだ。

『薔薇の名前』の舞台となったメルク修道院では、バロック様式の図書館を見ることができる。世界で最も美しい図書館のひとつとして挙げられる場所だ。天井を高く見せるため、上に行くほど壁面書架の棚の間隔が小さくなるように設計した結果、かなり狭くなった一番上の棚には、木でつくった偽物の本が並んでいる。最近では偽物の本をインテリア小物として活用する図書館が増えている。大きくきらびやかな外観で有名な中国の天津浜海図書館は、背表紙の写真を印刷したアルミ板を書架にずらりと貼り付けているし、先日開館した釜山のある大型図書館は、中身が空っぽのプラスチック本で書架の一部を飾っている。なぜ市民の税金で装飾用に偽物の本を購入し、わざわざ天井近くの高い棚に並べるのだろう。私にはまったく理解できない。利用者の手が届かないところに利用者が読めない本を飾った書架は、本の墓場でしかない。

とにかく、建築装飾が華やかな中世図書館はとても素敵だけれど、私は天井まで高く積み上げられた壁面書架を見てクラクラした。高所恐怖症なので上から下を見下ろすことはもちろん、下から上を見上げるのも恐ろしかった。書架にかかっているはしごを見て恐怖心は倍増。上っている最中に足が震えてバランスを失って落ちたらどうするの？　それに、重い本を持ったままどうやって下りるんだろう？

司書たちの安全が心配なのは私だけではなかった。ウンベルト・エーコは「知的な休暇を過ごす方法（*Il Secondo Diario Minimo* に収録）」というエッセイで「この本（アタナシウス・キルヒャー神父の『光と影の大いなる術（*Ars Magna Lucis et Umbrae*）』）を図書館で借りるのはやめたほうがいい。手に入れるためにはとても古い歴史を持つ図書館に行かなければならないうえに、その図書館の司書たちが稀覯本の書架へ本を取りに行くために上ったはしごから落ちるおそれがあるため」と、司書の安全を気遣っている。

実際、一八三四年にドレスデン王立図書館の首席司書だったフリードリヒ・アドルフ・エーベルトは、新しく入ってきた本を書架に並べようとしてはしごから転落して亡くなった。十八世紀ドイツのある図書館では、司書の資質として「綱渡り曲芸師や屋根の修理工のような敏捷さ」が求められたらしい。想像しただけで足が震えそうだ。十八世紀の図書館司書は、私のような高所恐怖症の人間にはこれっぽっちもなりたくない恐ろしい職業だったようだ。

本を取り出すときは、背表紙の真ん中を持たなければならないという基本的な常識さえ知らなかった新人司書時代、つま先立ちで書架の最上段から本を取り出そうとして、落ちてきた本に頭をぶつけたことがある。背が低くて腕が短い自分の体がとてもうらめしかったが、思ったところで仕方がないので、それからは面倒くさくても必ず踏み台を使うようにした。

そんなある日、本を探しに書架へ行くと腰が曲がったお年寄りに話しかけられた。

「あそこにある本を取ってもらえますか？」

特に気にすることなく、書架の前に置かれた踏み台に上がったとき、それまで何気なくすれ違ってきた人たちの姿が私の頭をよぎった。転倒の危険があるお年寄り、歩行補助器を使っている人、車椅子ユーザー、足の怪我でギプスをした人……背が低くて腕が短いことに不満を感じた自分が恥ずかしくなった。

ウンベルト・エーコは、ヒューマンスケール（人間の体の大きさを基準として定めた空間または尺度）の宇宙模型のような図書館を作ろうと言った。一九八一年にあるミラノの図書館の二五周年行事の記念演説で、エーコは理想の図書館について話した。ボルヘスの小説「バベルの図書館」（『伝奇集』、一九九三年、岩波文庫、鼓直訳）の一部を朗読し、図書館が宇宙の模型なら、図書館を人間に合う宇宙に、人々が行きたがるような面白さに満ちた宇宙にしなければならないと述べた。そして、アクセスの重要性を強調したユネスコと国際図書館連盟（ＩＦＬＡ）による「公共図書館宣言」を紹介した。ここでは、二〇二二年に改正された「公共図書館宣言」の一部を紹介しよう。

公共図書館のサービスは、年齢、民族性、ジェンダー、宗教、国籍、言語、あるいは社会的身分やその他のいかなる特性を問わず、すべての人が平等に利用できるという原則に基づいて提供される。理由は何であれ、通常のサービスや資料の利用ができない人々、たとえば言語上の少数グループ（マイノリティ）、障害者、デジタル技能やコンピュータ技能が不足している人、識字能力の低い人、あるいは入院患者や受刑者に対しては、特別なサービスと資料が提供されなければならない。

ウンベルト・エーコが行けなかったとても美しい図書館がある。ヘルシンキの中心部に位置するヘルシンキ中央図書館オーディで、ＩＦＬＡ主催の「二〇一九年公共図書館アワード」を受賞したところだ。利用者の目線に合わせた低い書架や特別展示用の書架は、車椅子ユーザーも見て回れるように通路の間隔をじゅうぶんに広くとっている。鳥の衝突被害を防ぐため窓には白い模様が入っているし、閲覧室にはベビーカーを置くスペースもある。カフェ、レストラン、映画館、コンピュータゲームの部屋、創作空間、ユニセックストイレ……とても素敵な施設だった。ここを訪れた人たちはみんな同じことを考えただろう。「うちの近くにもこんな図書館があったらなあ……」

オーディ図書館はヘルシンキの居間のようだ。日曜日の夕方だというのに、図書館全体が利用者でにぎわっていた。ベビーカーを押して館内を歩く父親がたくさんいるのが目についた。あるインド系移民は息子とゲームをしていたし、中年男性が一人、ミシンで何かをつくっていた。私のような図書館目当ての観光客も多そうだった。

図書館の中央にある螺旋階段は「献辞」と題する美術作品でもある。「図書館は誰のためのものか？」という問いに対するヘルシンキ市民の答えが、ひとつひとつ階段にこう刻まれている——オーディ図書館は誰のための空間だろうか？　すべての人、見知らぬ人、怠け者、内向的な人、施設で保護されている子ども、スポーツファン、私たち、あなた、英雄、ユダヤ人、家族、結婚しない人、外国人、他人、学校でいじめられている人、イスラム教徒、女性、男性、人々、良い人たち、難民、高齢者、幼児、ブッククラブ、大人、学生、ホームレス、作家、となんでもない人々、芸術家、移民、エンジニア、母親、父親、軍人、おばあちゃん、おじいちゃん、コレクター、愛犬家、観光客、フクロウ族、フェミニスト、キリスト教徒、批評家、貧困層、子ども、ボランティアをする人、性的少数者、差別の被害者、未就業者、ＬＧＢＴＱの青少年、自然愛好家、アマチュア、アウトサイダー、書類なき移民、スーパーヒーロー、視覚障害者、農民、疎外された階層の人、進歩主義者、ヒンドゥー教徒、障害者、戦争被害者、空想家……こうしたすべての人たちが自由に出入りして楽しく利用できる場所であり、すべての人たちを喜んで迎え入れてくれる空間。二十世紀きっての図書館オタク、ウンベルト・エーコが夢見た理想の図書館は、まさにこんなところではないだろうか？　二十一世紀の図書館オタクは、オーディ図書館の階段でそんなことを思った。

図書館で使わなくなった言葉

「私の言葉がよりよい世の中を反映する言葉になることを望んでいる」

——キム・ハナ『話すことを話す』（二〇二二年、CCCメディアハウス、清水知佐子訳）

「ジェシカ、一人娘、イリノイシカゴ、学科の先輩はキム・ジンモ、彼は君のいとこ……」映画『パラサイト』でギジョン役だった俳優パク・ソダムが歌った、別名「ジェシカソング」が北米で話題になり、原曲の「独島《ドクト》は我が領土」までがＳＮＳに登場した。「独島《ドクト》」という海外では耳慣れない地名をグーグルで検索してみたネットユーザーもいたかもしれない。アメリカのグーグルマップで「dokdo」を検索すると、地図には「リアンクール暗礁」（Liancourt Rocks）という韓国人にとっては見慣れない名前が出てくる。「リアンクール暗礁」は韓国と日本以外の国々が使用する地名で、一八四九年にこの島を発見したフランスの捕鯨船リアンクール号にちなんで名付けられた。

グーグルとは違って、アメリカの図書館ではこの島を韓国の領土と表記している。図書館目録には独島《ドクト》関連著作物のテーマを「Tok Island(Korea)」と表記する。ところがその分類表記が危うく「リアンクール暗礁」に変わりそうになったことがある。ワシントン大学東アジア図書館のイ・ヒョギョン司書が『本たちの行進（책들의 행진）』に記録した図書館領土戦争事件を要約するとこうだ。二〇〇八年七月八日、北米の韓国学の司書たちは、米国議会図書館が独島《ドクト》の分類表記の変更を検討するため会議を招集するという情報を入手した。司書たちは事態の深刻さに気づいてすぐさま行動に出た。米国議会図書館の各関係部署に独島《ドクト》名称削除の不当性を述べる書簡を送り、韓国大使館と政府関連省庁に状況を伝えて協力を要請し、韓国メディアもこうした状況を報道した。その結果、七月一五日に米国議会図書館は独島《ドクト》の表記変更を保留した。わずか一週間のうちに起こった出来事だった。北米にいる韓国学の司書たちが素早く対処しなかったら、図書館という領土で独島《ドクト》が消えていたかもしれない。

アメリカの司書たちも図書館で使われている言葉を正すために努力している。図書分類表記にはまだまだ差別や偏向が残っている。たとえば、「女性宇宙飛行士」はあっても「男性宇宙飛行士」というキーワードはない。そもそも宇宙飛行士は白人が定番になっていて、「ヒスパニック系アメリカ人宇宙飛行士」や「インド系宇宙飛行士」はリスト化されるが、「ロシア人宇宙飛行士」は違う。

二〇一四年、ダートマス大学の学生連合は声明を通じて、図書館に対し、移民への偏見と差別的な意味が込められた「不法滞在者」(illegal aliens)という表記をやめるよう求めた。志を同じくする大学図書館の司書たちも米国議会図書館に嘆願書を送り、米国図書館協会もこれを支持した。SNSでは「その言葉をなくせ」(#DropTheWord)や「誰も違法ではない」(#NoHumanBeingIsIllegal)といったハッシュタグキャンペーンが広がった。二〇一六年、ついに米国議会図書館が「不法滞在者」というキーワードを「非市民権者」(noncitizens)や「未登録移民」(unauthorized immigration)に変更することに決定した。しかし、国家安全保障上の脅威になるとしてこれに反対した共和党議員が予算削減をちらつかせたため図書館側が降参した。二〇二一年四月、ジョー・バイデン米大統領は「外国人滞在者」(alien)という用語を「非市民権者」に変える指針を下したが、約半年後の二〇二一年一一月、米国議会図書館は不法滞在者の表記を「非市民権者」や「不法移民」に変更すると発表した。私はこの遅すぎる決定を一応は歓迎するけれど、図書館が「不法」という単語を削除しなかったのは残念だ。

ここ数年、メディアで「不法滞在者」という用語を最もたくさん使った人はドナルド・トランプ元アメリカ大統領ではないだろうか。彼は宗教色を排除した「ハッピー・ホリデーズ」(Happy Holidays)というクリスマスの挨拶の代わりに「メリー・クリスマス」という表現をためらうことなく使った。保守的な白人キリスト教徒たちの支持を得るためだ。

かつては私も、公共図書館の司書は人種や宗教の多様性を尊重して政治的に正しい言葉を使わなければならないことに気づかないまま、図書館で、それもユダヤ教、イスラム教、仏教、正教会、ヒンドゥー教などさまざまな宗教の移民たちが住んでいるカリフォルニアの図書館で、（トランプ氏のように）利用者に向かって「メリー・クリスマス」と挨拶していた。韓国で習慣的に口にしていた言葉を、自分でも知らないうちに使っていたのだ。私自身は無宗教だというのに。今は「ハッピー・ホリデーズ」のほうがずっと自然に感じられる。図書館ごとにルールは違うけれど、私が働いていた図書館では宗教的な中立性を保つためにクリスマスの飾り付けさえ禁止されていた。

「ちょっと、あそこの窓を見て。この前ガールスカウトの子たちがクリスマスの飾り付けのボランティアに来たんだけど、窓に雪だるまとペンギンだけいっぱい描いていったんだよ。クリスマスツリーも描いちゃだめっていうから」

同僚の司書にこの話を聞いたときは、正直言って図書館がここまでしなきゃいけないのかなと思った。でも、ある図書館がユダヤ人利用者ためにハヌカ（ユダヤ教の祝祭）の飾り付けをしたのを見て考えが変わった。ハヌカの飾り付けをするなら、公平性を考えてラマダン明けやお釈迦さまの誕生日を祝う飾り付けもすべきなんじゃない？　もしそれができないなら、やっぱり雪だるまとペンギンだけで満足することにしよう。

韓国にある一部の図書館で使われる用語にも差別的な要素が潜んでいる。たとえば「母子閲覧室」や「家族閲覧室」だ。閲覧室は母親と息子だけが使う空間ではない。家族中心社会のアメリカでも「家族閲覧室」なんて用語は使わない。血縁関係でない同居世帯や一人世帯が増えている現代では、伝統的な家族中心主義の用語は避けるべきだと思う。

「シニア」もそうだ。すべての高齢者に配慮した用語ではあるけれど、英語に慣れていないお年寄りを排除している。高齢者が「老人」や「お年寄り」という呼び方に「卑下」や「差別」のニュアンスを感じて嫌がることもあるので「シニア」を選んだのだろう。でも、実際のところアメリカでは「シニア」が、韓国でいうところの「お年寄り」のようなニュアンスを持っていることもあって、一部の公共図書館では「五〇歳以上の成人」のようにサービス対象年齢を具体的に表記するようになっている。

言葉の中に隠れた差別を明らかにするために、人知れず地道な努力を続けている人は常にいる。二〇二〇年、韓国の国会議員チャン・ヘヨンが、作家や市民たちと一緒に国会に対して差別禁止法の制定を要求する「私がもう使わない言葉」キャンペーンを行った。たとえば、びっこ、単一民族、女流作家、女医、女優、処女作、乳母車、純血、混血児、未婚、堕胎など、数十種類の単語がそれぞれの理由とともにシェアされた。かつて使われていて、そして今も使えるけれどあえてもう使わない言葉を図書館も振り返るべきではないだろうか。

二〇二〇年、映画「パラサイト」で、第九二回アカデミー賞国際長編映画賞を受賞したポン・ジュノ監督は、授賞式でこうスピーチした。「カテゴリーの名前が変わりましたよね。外国語映画賞が国際長編映画賞に変わりましたが、名前が変わってから最初の賞をもらうことに、大変深い意味を感じています。この名前が象徴するものがあると思いますが、私はオスカーが追求するその方向性に支持と拍手を送ります」

彼の受賞スピーチを聞いて私の恥ずかしい思い出がよみがえった。司書時代、私はアメリカ人司書たちの前で、彼らが日常的に使う「外国語の蔵書」という言葉を特に気にもとめず使っていた。英語はアメリカ合衆国の公用語でもないし、アメリカでは多様な人種がそれぞれの言葉を使うというのに。もしそのとき私が「国際語」や「世界語」の蔵書という言葉を使っていたら、彼らも私の真似をしてくれたんじゃないだろうか？　誰も答える人のいない質問を、今さらながら考えてみる。

検閲ではなく選定を

「図書館は、情報を提供し啓発するという図書館の責任を達成するために、検閲を拒否すべきである」

——米国図書館協会　図書館の権利宣言　第三条

ＵＦＯの本が図書館から消えた。書架にもない。返却カートにもない。「貸出中」の記録もないし、閲覧中の人もいない。いったいどういうこと？　もしかして何か知ってるかもと思って同僚のＣさんに訊いてみた。

「ＵＦＯ関連の本が全部なくなったみたいです。所蔵目録には数冊ありと出てるんですけど、書架には一冊もないんです。ありそうなところを全部調べてみたんですけど見つかりませんでした。全部どこにいっちゃったんでしょう？」

「誰かがこっそり持ち出したのかもしれませんね」

「いったい誰が持っていくんですか?」

「UFOの本が嫌いな人か、あるいは好きな人が」

そう、図書館にはいつの間にか消えてしまう本があるのだ! 検閲官気取りの一部の利用者が、呪術、占星術、オカルト、LGBTQ、中絶などのテーマを扱った本を図書館からなくすために持ち出したり、どんぐりを溜め込むリスのように、読みたい本を独り占めしようと書架の片隅に隠したりすることがある。数年前、アイダホ州にあるコーダレーン公共図書館では、反トランプ、銃規制、性的マイノリティなどといったリベラル系の本が書架から消えてしまった。トランプ支持者かもしれない利用者が、別の書架に本を隠したのだ。

私が勤務してした図書館でも、入庫されるやいなや魔法のように消えてしまう雑誌があった。アメリカのスポーツ誌『スポーツ・イラストレイテッド(*Sports Illustrated*)』の水着特集号だ。水着姿の女性の写真が満載の雑誌を持っていった正体不明の犯人に訊いてみたい。子どもたちの目に触れるといけないと思って捨てたんですか? それともひとりでこっそり見るために盗んだんですか?

そっと消える本があるかと思えば、図書館から一歩も出られない本もある。宗教や政治理念に関する本、センセーショナルな本、人種や性的マイノリティ関連の本など、社会の偏見や検閲のせいで禁書になる本は毎年あるが、ここ数年でその数がずいぶん増えた。なんと二〇二一年だけで一五〇〇冊を超える本が図書館の書架から排除されそうになった。そのほとんどが児童及び青少年の保護者、宗教団体、政治団体、地方自治体の強い反対によるもので、問題視される本の相当数がLGBTQ関連図書だという。二〇一八年、アイオワ州で、ある宗教団体の会長が図書館で借りたLGBTQ児童図書を燃やす動画を自身のフェイスブックで公開して、これに憤慨した地元の市民らが、図書館を支援するために募金活動を行ったこともあった。

呪いと魔法が満載の〈ハリー・ポッター〉シリーズから、性的マイノリティ家族の養子縁組の物語を描いた絵本『タンタンタンゴはパパふたり』（二〇〇八年、ポット出版、尾辻かな子、前田和男訳）まで、年を追うごとに長くなってゆく禁書リスト。中にはちょっと意外なタイトルもあった。『ウォーリーをさがせ！』ん？　どうして？　いったいなぜこの本が禁書に？　何百人もの群衆の中で赤い縞模様の服を着て帽子をかぶったウォーリーを探すだけの絵本なのに？　聞けば荒唐無稽な理由だった。海辺の絵が描かれたページで、ウォーリーではなく上半身の服を脱いだ女性のイラストを探す読者がいるからだそうだ。

自閉スペクトラム症の少年クリストファーのユニークな内面世界を描いた小説『夜中に犬に起こった奇妙な事件』（二〇一六年、早川書房、小尾芙佐訳）も禁書リストにあった。え、この本がどうして？　悪態をつくとか、無神論を主張するといった偏狭な理由でこの本を禁じた人々にこう言いたい。心で読書する方法を学びなさい。読書三到と昔からいうでしょう？　読書の三つの方法、つまり、目で読み、声に出して読み、心でも読むこと。偏見の目で特定の単語や文章だけに注目するからクリストファーの心が読めないのです。どうか、心の読書を通して洞察力をつけてくださいね。

図書館は社会的弱者と少数者の声を聞けるような蔵書を構築する義務と責任がある。本は、セクシュアリティやジェンダー、人種、社会階級、障害などに基づく差別に対抗するツールになる一方、多様な利用者と価値観が行き交う図書館で全員のニーズを満たすのは簡単ではない。司書は「自己検閲」の誘惑に負けてはいけないと私は思う。議論になりそうな図書を購入しないとか、苦情があるからという理由だけで書架から図書をなくしたり貸し出さないなんてこともしてはいけない。なぜならこれらは利用者の「読む権利」に反することだから。

あらゆる形態の芸術が検閲される厳しい現実の中で書かれた本もある。恋人たちが愛し合う方法を描いた『イランの検閲と愛の物語（*Censoring an Iranian Love Story*）』には、司書が検閲に加担すればどんなことが起こるのかを予想させる場面がある。大学に入学したばかりの主人公サラが、図書館の司書に向かって、イランで禁書に指定されている本『盲目の梟』（一九八三年、白水社、中村公則訳）があるかと尋ねると、司書はキッパリ、ないと答える。サラが諦めずに続ける。「書架に『盲目の梟』が並んでいないことはもちろん知っています。だから、もしその本が書架から抜き出した本の中にあるんだったら、例外的に何日か借りることができないかなという意味です……文学を専攻しているんですが、大事な課題があって『盲目の梟』を読まなければならないんです」司書はさらに厳しい口調で、図書館に禁書などないと言い返す。

これを読んで、図書館に置いてある卑猥な小説について司書に注意したおばあさんと、図書館にはないポルノ本をリクエストしたおじいさんを思い出した。私は他の利用者の読む権利のために、その「卑猥な小説」を書架にそのまま置いておいた。また、おじいさんの読む権利のために、世界各国の図書館目録を調べ、相互貸借サービスを利用してポルノ本を手に入れた。図書館に所蔵されている本はテーマ別に担当司書たちのチェックを経て購入された本であり、図書館にない本はほとんどの場合、地域の人々からの需要がないものだ。おばあさんにはこうお伝えした。「この本を読んではいませんが、一度見てみますね。でも私たちは多くの利用者が求める本を提供する義務があるんです。この点を理解していただければと思います」

一九二四年、カリフォルニア図書館協会が主催した講演で、作家でもあり図書館学の指導者でもあるヘレン・ヘインズは、司書は検閲者ではなく選別者になるために努力すべきだと強調した。ロサンゼルス中央図書館で司書たちを教え、UCLAとコロンビア大学で図書館学を教えていたヘインズは、文学の検閲に反対し、先頭に立って知的自由を提唱した。一九四〇年にはカリフォルニア図書館協会の知的自由委員会の設立を支援して初代委員長を務めている。

ヘインズの著書『本と共に生きる——図書選定の技術（*Living with Books: The Art of Book*

Selection)』は図書館で使用する蔵書構築のテキストと指針書の土台となった。ヘインズは次のように助言している。

●実験的な小説及び翻訳小説を含め、あらゆるタイプの文学に対して開かれた態度をもち、本に対する読者の意見及び利用者の読書嗜好を尊重すること。
●偏見をなくし、主要な社会問題を理解し、人種に対する感受性を高めるのに役立つ本の力を利用すること。
●コミュニティを理解し、地域社会の生活・活動・関心・組織・機関及び特性についての知識を有すること。
●コミュニティの人々の関心と利益のためにどのような資料を購入し、どのように提供するか熟考すること。
●読者とかかわるすべての面において、検閲者ではなく選別者となるために努力すること。

ヘインズが今日の司書に投げかける最も重要な助言をひとことで表現すると「検閲ではなく選定を！」だろう。

米国図書館協会は一九八二年から「禁書週間」キャンペーンを行っている。九月最終週の禁書週間には、その年に最も苦情があった一〇冊の本を紹介し、禁書を読むことを奨励する運動をするのだ。先日、ニューヨーク公共図書館では、民主主義の根幹を揺るがす禁書拡散に対処するため「みんなのための禁書」(Banned Books for All) というスローガンを掲げて、「禁書読み」プロジェクトに着手した。図書館は出版社と協働し、独自の電子書籍アプリを通じて全国の読者が無料で禁書を読めるようにした。

司書は禁書を解き放ち、利用者は心を解き放つことが必要だ。心が自由であればこそ心に響く本に出会える。それに、心で理解する読書は共感力を育む。開かれた心で開かれた禁書を読んでみよう。こうした教訓と啓蒙の言葉を利用者の前ですらすらと言うことができなかった司書時代の私は、ある年の禁書週間に図書館で配られた広報Tシャツを着て利用者に応対した。白いTシャツの前面には蓋が開いた缶の形をした本のイラストと「禁書に心を開こう!」(Open Your Mind to a Banned Book) というフレーズが書かれていた。

韓国人司書の喜びと悲しみ

「違うというのは本当にいいことなのよ」

――チェ・ヤンスク『私の名前が入った瓶（내 이름이 담긴 병）』

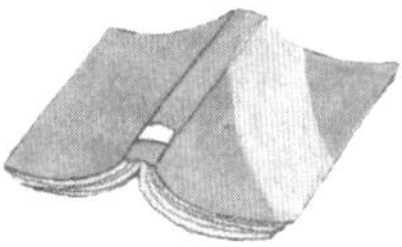

子どもの頃、透明人間になりたいと夢見たことがある。だけど、まさか大人になって本当に透明人間になってしまうなんて夢にも思わなかった。周りの人に見てもらえなくて悲しかったときの思い出を少しだけ振り返ってみよう。

私が最初に勤めた図書館は中産階級の白人が集まって暮らすニュータウンにあった。利用者はほとんどが白人で、司書たちもアメリカの他の図書館のように大半が白人女性だった。正確には、私以外の司書は全員白人で、七人いた司書アシスタントもそうだった。私は図書館でたったひとりのマイノリティ司書かつアジア系職員だった。

司書の仕事を始めたばかりのある日、私は案内デスクにやってくる利用者を笑顔で迎えながら声をかけた。

「こんにちは、何かお手伝いしましょうか?」

すると彼は、私のそばにいた同僚のCさんを指差して言った。

「司書に訊きたいことがあってね」

「あ、私がここの担当司書ですので私がうかがいますね。どのようなご質問でしょうか?」

その人が私をちらりと見てから、またCさんに質問しようとするのでCさんが言った。

「この方は先日こちらに赴任した司書で、私は一緒に働いているアシスタントです。この案内デスクでは司書とアシスタントが一緒に利用者からの質問に対応しています」

その後も似たようなことがたびたび起こって困惑することが多かった。私はれっきとした司書なのに、あるときは透明人間になり、またあるときにはボランティアスタッフになった。司書は白人女性のはず、という利用者側の固定観念と人種に基づく偏見のためだと思う。じゃあどうすれば司書らしく見えるだろう? しばらくの間、私は眼鏡をかけてみたり(周りには眼鏡をかけない司書のほうが多かったけれど)、司書ファッションの基本アイテムと言われるカーディガンを羽織ってみたりもしたが、特に何の役にも立たなかった。

ほほう、利用者が近寄ってこないなら、こっちから利用者に近づいてみよう! 私は気を取り直して、緊張しつつも勇気を出して自分からみんなに笑顔で挨拶することにした。相手の反応が「いいお天気ですね」と心のこもらない通りいっぺんの返事でも、(「ええ、ここはカリフォルニアですからね」と斜に構えずに)「はいっ、きょうもいいお天気ですね!」と愛想よく応対して、利用者とコミュニケーションを図ろうと努力した。そうしているうちに、私の名前を尋ねて名前で呼んでくれる利用者がひとりふたりと増えてきた。「私は司書だ」とこれ以上叫ばなくてもよくなったのはいいけれど、代わりに一日に何度も「私の名前は〇〇です」と言うはめになった。名前の綴りを教えてほしいとか、もう一回言ってくれという利用者も多くて「お名前は何でしたっけ?」と質問されるたびに、まるで自分の名前を繰り返すオウムになった気分。

何度も名前を言うことが面倒な「仕事」のように感じはじめたある日、英語の名前をつくろうと決心した。それで同僚たちに、私に似合う英語名を推薦してほしいと頼んだところ、みんながいやいやと手を振りながら異口同音に言った。あなたに似合う名前はあなたの韓国名だよ、韓国人であることに誇りを持ってほしい、私はあなたの名前が好きだよ……。

そして児童・青少年図書を担当している同僚司書が、必ず読んでみてと言いながら私に一冊の絵本を渡してくれた。チェ・ヤンスクの『私の名前が入った瓶(내 이름이 담긴 병)』という絵本だった。アメリカに移住した主人公、韓国人の「ウネ」も自分の名前を英語の名前に変

えたがっていた。「ウネ」の物語が気になる方は、ぜひ図書館で探して読んでほしい（残念ながら今は絶版となったけれど）。今では私の「人生の本」のうちの一冊となった。

しばらくして図書館での仕事に慣れてきた頃、私はアジア系利用者が多い地域の分館へ移ることになった。ここでも、私を含めて二人の韓国人司書以外は全員が白人司書だった。一方で利用者のほとんどは、韓国、台湾、中国、日本、インド、イラン、ベトナム、ロシアなどさまざまなバックグラウンドを持つ移民たちだった。

利用者と交わす会話の内容も以前とは変わった。韓国ドラマが人気で韓流ブームが起こりはじめた時期だったので、ドラマの感想を話し出すと止まらないアジア系利用者がけっこう多く、韓国映画とドラマの資料はいつも図書館貸出順位の上位を占めていた。私は図書館で「Hallyu」（韓流）が固有名詞になる過程を最初から観察したわけだ。

これまでの仕事で一番やりがいのあった業務を挙げるなら、地域に住む韓国人利用者を支援するプログラムをつくったことだ。乳幼児や小学校低学年の子どもたちを対象に韓国人ボランティアたちが行う「韓国の本の読み聞かせ」と、英語の実力が不十分な移民の韓国人生徒たちを助けるため、地元の韓国人高校生ボランティアと一緒につくった「宿題ヘルパー」は、図書館の人気プログラムだった。

この図書館には他の分館に比べるとかなり規模の大きい多言語書架があったが、中国語の蔵書を除く他の言語の本はきちんと管理されていなかった。移民、駐在員、留学生など、韓国人の流入が目立つ地域であるにもかかわらず、一〇〇〇冊余りの韓国語の蔵書はほとんどが一〇年以上経った古い図書ばかり。利用者からの需要に応えるためには韓国語図書の蔵書を拡充しなければならなかった。しかし当時は不景気で、税収が不足していたこともあり、図書館も財政難にあった。新刊を購入する予算を確保できない私たちは、苦肉の計で韓国語図書寄贈キャンペーンを行うことにした。家で読まない韓国語の本を寄贈してもらうほか、新刊購入に必要な財政を支援してもらうための募金活動を展開したのだ。地元の韓国人新聞記者たちにもキャンペーン関連の報道をお願いした。記事が出ると、他の地域に住んでいる韓国人たちも応援してくれて、たくさんの本や寄付金が届いた。地域の韓国人父母会は韓国の八つの出版社が送ってくれた児童図書約一〇〇冊を図書館に寄贈してくれた。図書館をよく利用するという童話作家イ・ミギョン氏の力添えが大きかった。この紙面を借りてもう一度御礼申し上げます。こうして韓国人たちの善意と支援が続くのを見て、図書館本部でも決定権のある人たちが移民のための予算拡大を決めた。

英語が苦手な韓国人だけでなく、他の国籍の移民たちも案内デスクにいる私をよく訪ねてきた。英語がうまく話せなくて冷たくされる経験が多いからか、白人司書にはなんとなく近づきがたかったのかもしれない。ひょっとしたら図書館で白人の司書に見下されたり冷たくされたりしたのかもしれない。

いろんな国籍の利用者たちに応対しながら、今度は私がその人たちの名前を尋ねることになった。

「私は□□といいます。助けてくださってありがとうございます」

「□□さん、この発音で合っていますか？　私の名前は○○です」

お互いの名前を訊いて呼び合うこと、それが移民の司書と移民の利用者とのコミュニケーションの出発点だった。もちろん、傾聴と配慮も必要だ。

公共図書館は移民たちが新しく生活する土地の言葉と文化を身につける学びの場であり、母国の言葉と文化を共有するコミュニケーションの場だ。ふとこんなことを考える。多文化社会に突入している韓国でも、図書館に移民の司書がいるだろうか？　あまり韓国語ができない移民たちでも話しかけやすいバイリンガル司書がいるだろうか？　そういう人がちゃんといるべきだと私は思う。韓国の図書館で将来働くことになる（あるいは今働いている）移民の司書たちが、偏見の透明マントを着ることがありませんように。

気まぐれな情報ハンターの趣味生活

「本の山を『組織化された知識体系』に変えるのが図書館スタッフの仕事である。彼らは真実の守護者として、アナログとデジタル両方の知識を収集している。多彩な能力があり、献身的で、知識の保存への情熱をもつ彼らがいなければ、私たちは知識を失いつづけることになるだろう」

——リチャード・オヴェンデン『攻撃される知識の歴史』(二〇二二年、柏書房、五十嵐加奈子訳)

私は何冊もの本を同時に読み、ブラウザのタブだっていくつも開いたままにする気まぐれな情報ハンターだ。でも場合によってはこれも長所になる。たくさんの参考書やデータベースを活用して情報を検索する司書の仕事は、拡散的思考をするタイプのほうが断然有利だ。次から次へと考えを広げながら知識の海を航海している最中に、欲しかった情報を意外な場所で発見することがあるからだ。

私の趣味はデジタル図書館で宝物のような資料を掘り起こすこと。世界各国のデジタル書架を散策していると、以前なら閲覧室に行かなければ見られなかったお宝級の資料や、存在すら知らなかった韓国の歴史的史料を発見することがある。そんなときには、まるで貴重な高麗人参を掘り当てた気分で、デジタルの宝物をすぐさまブックマークしておく。

とはいえ、世の中にタダはない。検索だけですべての情報が得られると思ったら大まちがい。お金さえ払えば特定の検索結果を上位に表示してくれるプラットフォーム企業があるから要注意だ。

無料の情報が欲しければぜひ図書館へ！　ネット検索で引っかからない情報も、図書館のデジタル書架を探せばほとんど手に入る。分析し整理された精度の高い有料情報を選別して無料で提供する図書館は、情報があふれるこの時代、これまで以上に重要になる知識のインフラだ。図書館が購読してつくり上げるデジタルコンテンツはどんどん増えている。それなのにデジタル図書館についてあまり知らない人や、知っていても利用したことのない人が意外と多い。

あなたは読むものや見るものがあふれていても、まだ何かを購読したいタイプ？　購読も中毒になって困りますよね。それなら答えは図書館です！　電子書籍、映画、音楽、教育などなど、図書館が提供するいろんなコンテンツのストリーミングサービスをぜひお試しあれ。巷《ちまた》の商業プラットフォームでは見つけることのできない面白い新情報がデジタル図書館にはあふれている。インターネットを漂流する気まぐれな情報ハンターたちよ、今すぐデジタル図書館に行ってみよう！

ブックマークすべきデジタル図書館

国家電子図書館
국가전자도서관

韓国内の主要電子図書館（国立中央図書館、国防大学校電子図書館、国会図書館、農村振興庁農業科学図書館、裁判所図書館、疾病管理庁国立医科学知識センター、韓国科学技術院図書館、韓国科学技術情報研究院、韓国教育学術情報院）が所蔵するデジタルコンテンツの統合検索サービスが利用できる。

国立中央図書館デジタルコレクション
국립중앙도서관 디지털 컬렉션

朝鮮の天文学と数学、女性独立運動家の生涯、韓国の児童文学賞受賞作、世界の中の韓国文学、近代初期の出版社、古典と金属活字、独島から見る韓国歴史コレクション、韓国の時代別戦争史、韓国の偉人たち、国土研究資料、朝鮮の辞典、朝鮮王室関連資料、一九四五年以前の韓国関連資料、一九一〇年代以降に活版印刷されたハングル小説コレクション、雑誌創刊号コレクション、国立中央図書館所蔵の稀覯本など、国立中央図書館が所蔵する資料の中でも価値の高い知識文化資源を選別して構築したデジタルコレクション。

〈推薦〉世界の図書館　세계의 도서관
世界の主要図書館に関する情報（歴史、サービス、施設及び資料の現況）を大陸別、施設別（国立図書館、大学図書館、公共図書館）に探すことができる。

ニューヨーク公共図書館デジタルコレクション
The New York Public Library Digital Collections

図書、写真、地図、原稿、ストリーミングビデオなど一八万以上のパブリックドメインから高解像度の資料を無料でダウンロードできる。毎日新しい資料が追加される。

〈推薦〉本の表紙集　Collection of Book Jackets
本のカバーを取り外して書架に並べるという長年の慣行に不満を抱いた匿名の司書が、一九二六年から一九四七年までの間に保管していた約二五〇〇枚のカバーをデジタル化した資料。カバーデザインは各時代のトレンドを反映していて興味深い。

アメリカグラフィックアート協会デザインアーカイブ
The American Institute of Graphic Arts Design Archives

コミュニケーションデザイン関連で永久的価値のある二万点以上の作品を鑑賞することができるサイト。実物はアメリカ最大のコンテンポラリーコミュニケーションデザインのオブジェクトを保有するデンバー美術館に所蔵されている。

米国デジタル公共図書館
The Digital Public Library of America

アメリカにある図書館、アーカイブ、博物館などの文化機関が所蔵する写真、単行本、芸術品、記録物、地図などのデジタル資料を全世界に無料で公開している。

米国議会図書館シチズンDJ

Citizen DJ

著作権フリーの音楽や音声のレコーディングアーカイブをサンプリング用にダウンロードできるサイト。ジャズ、ブルース、フォーク、クラシック、オペラ、ミュージカル、ポップスなど多様なジャンルの音源を無料で使用できる。

メディア史デジタル図書館

Media History Digital Library

著作権が切れた映画、放送関連図書、ビンテージファン雑誌をデジタル化した数百万ページを超える膨大な資料が公開されている。運営しているのはウィスコンシン大学マディソン校メディア文化学教授のエリック・ホイト氏。映画愛好家にオススメ!

スミソニアン図書館デジタルブックバッグ

Smithsonian Libraries Digital Book Bag

スミソニアン図書館のサイトには宝物がいっぱい! 電子書籍、葉書、ぬり絵、バーチャル背景画像、オンラインパズルなど豊富な資料を無料でダウンロードできる。

スタンダード・Eブックス
Standard Ebooks

世界中のパブリックドメインの電子書籍を無料でダウンロードできる。プロジェクト・グーテンベルクより多様な最新の電子書籍フォーマットをサポートしており、米国著作権の制限もない。

シアトル公共図書館プレイバック
The Seattle Public Library PlayBack

地元ミュージシャンのアルバムを無料で共有するオンラインプラットフォーム。シアトルの音楽専門家と図書館の職員たちで構成された審査委員会が、毎年地元のミュージシャンたちのアルバムを四〇〜五〇枚選ぶ。無料でストリーミングできる。

ユーロピアナ
Europeana

ヨーロッパ最大規模のデジタル図書館。ヨーロッパの図書館、アーカイブ、ギャラリー、博物館を含む四〇〇〇以上の機関が参加し、芸術、新聞、考古学、ファッション、科学、スポーツなどに関する文化遺産資料を提供している。

インターネットアーカイブ
Internet Archive

無料図書三八〇〇万冊、オーディオ資料一四〇〇万点（ライブコンリート二四万点含む）、映像資料七〇〇万点（うちテレビのニュース番組二〇〇万点含む）、画像四〇〇万点、ソフトウェアプログラム七九万点などの資料が無料で利用できる。

〈推薦〉ニューヨーク・グッゲンハイム美術館図録
Solomon R. Guggenheim Museum
ニューヨークのグッゲンハイム美術館が出版した本と展示会図録をデジタル化した資料。一九三六年に開かれた「非具象絵画」（Non-Objective Paintings）展示の図録から約二〇〇冊を見ることができる。

〈推薦〉ボストン公共図書館の78rpmデジタルコレクション
Boston Public Library 78rpm Collection

ボストン公共図書館が数十年間倉庫に保管していたワックスシリンダー、78rpm、LPオーディオ資料をデジタル化したコレクション。クラシック、ポップス、ロック、ジャズ、オペラなどさまざまなジャンルの音楽を鑑賞できる。

カリフォルニア州立大学ノースリッジ校図書館デジタルコレクション
CSUN University Library Digital Collection

クラシックギター奏者にとっては宝箱のようなサイト！　ソル、カルッリ、ジュリアーニなどクラシックギターの作曲家をはじめ、何世紀にもわたるギター曲の楽譜を提供している。バンジョー、マンドリン、ウクレレ作品を含む一〇〇〇以上の楽譜を無料でダウンロードできる。

コーネル大学鳥類学研究所マコーレー図書館
The Cornell Lab of Ornithology Macaulay Library

世界最大規模の自然史アーカイブ。鳥類及び海洋生物の鳴き声を採集録音したオーディオ資料を含め、約四〇〇〇万点のデジタル資料を提供するサイト。

ハーバード美術館バウハウスコレクション

The Bauhaus – Harvard Art Museums

ドイツ国外では最も規模の大きいバウハウスコレクションで、絵画、織物、写真から定期刊行物、授業ノートに至るまで、バウハウス関連の美術館所蔵品を垣間見ることができる。

アナログ図書館の反撃

「まず、公共図書館の会員になり、そのおかげで紙の本を読みはじめた（主に仕事のためだ）。するとすぐに、紙で読むことをどれだけ恋しがっていたか気がついた」

――デイビッド・サックス『アナログの逆襲』（二〇一八年、インターシフト、加藤万里子訳）

レトロブームはいつまで続くのだろう？

二〇二〇年の韓国では、バラエティ番組の企画で生まれた期間限定の音楽ユニットSSAK3が、一九九〇年代風の曲で歌謡界に一大旋風を巻き起こした。一方アメリカではBTSがディスコポップ「Dynamite」でビルボードのHOT一〇〇シングルチャートを席巻した。両グループのアルバムはレトロブームに乗ってカセットテープでも発売された。そうかと思えば、最近放送された韓国ドラマ「二十五、二十一」に登場したカセットテープが若い世代の興味をひき、カセットプレーヤーの売り上げが伸びたという。

帰ってきたアナログテープは時間をも巻き戻して図書館の遺物を召喚した。一九八〇年代に米国議会図書館が視覚障害者のオーディオブック用に製作した「C1カセットプレーヤー」は、独特な機能があるためか、今ではホワイトノイズなどの音楽を創作するアンビエント（環境音楽）ミュージシャンたちが熱狂する貴重品としてもてはやされるようになった。他にも、八〇〜九〇年代のサウンドとグラフィックの郷愁を巧みに盛り込んだヴェイパーウェイヴ音楽によって、滑らかなデジタル映像とはまた違った古き良きビデオテープの映像がインターネット上に流れ込んだ。

まさかカセットテープとビデオテープが復活するなんて思ってもみなかった私としては、やや戸惑ってしまう。司書時代に捨てた数多くのテープが「わたくし、生きて帰ってまいりました！」と叫ぶ声が聞こえるようだ。アナログで保存したものが完全になくなったわけではないけれど、図書館ではCDやDVDに取って代わられてずいぶん経つ。電子書籍や映画、音楽などのストリーミングサービスが図書館サイトに接続されるようになれば、こうしたデジタル保存媒体さえもそのうちなくなってしまうかもしれない。確かにコロナ禍でデジタル資料の貸出は急増した。このまま行くと近い将来、メディア書架自体が完全になくなってしまわないか心配だ。しかし、過去の司書として現在の司書に言っておきたい。たとえ図書館に来る利用者が

ＣＤやＤＶＤを求めなくても、これらを廃棄しないで保存書庫にとっておくのです！　いつの日か再び書架に並べる日が来るかもしれない。そうだ、流行はいつも突然戻ってくる。サンフランシスコ公共図書館とサンディエゴ公共図書館に展示されているＬＰコレクションを見たときの後悔を思い出さずにはいられない。

カセットテープとビデオテープはずいぶん長い間公共図書館の書架に並べられていた。オーディオブックを好んで聴く高齢の利用者たちは、最新デバイスが出てもその都度買い替えるわけではないからだ。体の不自由な高齢者には、大きな文字で書かれた本やカセットテープ、オーディオブック、ビデオテープの映画といった資料を図書館から郵送できるようにしなければならない。デジタル化のスピードについていくのが難しいお年寄りたちのためにも、私たちの社会は彼らに馴染みのあるアナログ世界を残しておくことが必要だ。

曲がった背中に片手を当てて案内デスクの前にあるメディア書架でビデオテープを観ていた常連のおじいさんを思い出す。いつも青いジャンパーを着て、主に古典映画を借りていく人だった。他の書架や高齢利用者がたくさん訪れる雑誌コーナーには一度も立ち寄らず、入口→メディア書架→貸出・返却デスク→出口と、動線は毎回同じ。ときどきデスクにいる司書たちと目が合うと、彼はいつも同じ言葉を繰り返した。

「この図書館にはビデオテープがたくさんあっていいね」おそらくは認知症予防に役立つとさ

れる回想法のために借りていたのだろう。自分が覚えている昔の話を探すために図書館に来ていたのではないだろうか。VCRプレーヤーにビデオテープを入れて再生ボタンを押すことさえも、おじいさんにとっては大切な思い出のかけらだったのだろう。

映画「素敵な相棒〜フランクじいさんとロボットヘルパー〜」には、認知症のフランクじいさんが介護ロボットと一緒に町の図書館を訪れるシーンがある。人間の司書がロボット司書に、紙の本が電子図書に取って代わられているのを見て、驚きと失望を禁じ得ないフランクじいさん。青いジャンパーを着ていつもビデオテープを借りていたおじいさんがこの映画を観たら、どんな気持ちになるだろう？　彼が借りるのはいつも古典映画ばかりだから、多分これはまだ観ていないと思うけれど。

アニメ映画「リメンバー・ミー」では、認知症のココばあさんが、ひ孫の少年ミゲルの歌う曲を聴いて自分の父親ヘクターを思い出すシーンがある。破れた写真と手紙を取り出して、いなくなった父親との思い出にひたるココばあさん。この映画は、アナログに刻む「記憶」について、改めて考えさせてくれる作品だ。アナログであることと、その価値を感動的に描き出した「リメンバー・ミー」のエンディングクレジットには、作中でもキーワードになっている「死者の日」についてこんなフレーズが映し出された。「詳しい内容を知りたければ地域の図書館に行ってみてください」

「記憶」は公共図書館が提供するサービスにおける重要なキーワードだ。認知症を患う高齢者向けの「メモリーキット」(Memory kit)は、治療や認知活動の向上に役立つため、アメリカでは図書館サービスの一環で貸し出している。他にも、郷愁を誘うような映画、音楽、図書をテーマ別に選んで集めておく。「メモリーラボ」(Memory lab)はレトロラボとも呼ばれ、見向きもされなくなったアナログメディアの中に眠っている思い出を取り出してくれるところだ。カセットテープやLPをMP3に、ビデオカメラ映像を保存する八ミリテープをデジタルファイルに、ビデオテープをDVDに変換するだけでなく、フィルムのネガ、写真、文書などをスキャンできる機器も提供している。

他にもアメリカの多くの図書館では、スクリーンタッチに慣れたデジタルネイティブの青少年たちに、アナログ活動を奨励している。たとえば折り紙、レゴ、脱出ゲーム、手書き文字の練習、ボードゲーム、アメリカのテレビで有名になった「ボブ・ロスの絵画教室」の画法チャレンジ、西洋書道のカリグラフィ、カレンダーづくりなど、デジタル機器から手を遠ざける活動を提供する。

図書館には現在アナログとデジタルが共存している。新型コロナの余波がいつまで続くかわからないけれど、いつかは人々が、デジタルコンテンツ満載の電子機器をオフにして、また以前のように地元の図書館に行くだろうと私は確信している。なぜなら、〇と一だけの世界にはないものが図書館にはあるのだから。本の香りを感じながら書架の間を散策すること！　これこそが図書館で味わえる最高のアナログ体験だと思う。

貸出カードのロマンと憂うつ

「わたしは全国の図書館員に心からの感謝を捧げたいと思う。それは彼らが力持ちでもなく、強力な政治的コネも莫大な財産も持っていないにもかかわらず、図書館の棚からある種の本を追放しようとする非民主的で横暴な連中に断固として抵抗し、ある種の本を借りた利用者のリストを思想警察の手に渡らないよう破棄してくれたからだ」

——カート・ヴォネガット『国のない男』（二〇一七年、中公文庫、金原瑞人訳）

アナログ時代の図書館を経験したことがある人なら、本の表紙（または裏表紙）の裏に貼られた黄色い封筒とその中に入っていた図書貸出カードを覚えているだろう。上段にはタイトルと著者名、その下に貸出者名、貸出日、返却日を記録する欄があって、誰がその本を借りたのか一目でわかったものだ。リストの一番上に自分の名前が記録されるときの嬉しさ、同じ本を手に取った、見知らぬ誰かに覚える親近感。こんなアナログ時代のロマンをときどき懐かしく思い出す。

貸出カードといえば、韓国で大ヒットした岩井俊二監督の映画「ラブレター」や近藤喜文監督のアニメ映画「耳をすませば」を思い浮かべる人もいるだろう。前者では貸出カードに初々しい片思いを告白した少年樹《いつき》、後者では貸出カードに書かれた知らない名前にときめくような淡い恋心を抱いた中学生の雫《しずく》が出てくる。しかし、もし彼らが恋をしたのではなくて、ストーカーだったら話は別だ。どちらの映画も、図書貸出カードによる犯罪を扱った青春ホラー映画となっただろう。昔の貸出カード方式は現在の基準で見ると、利用者の個人情報保護の観点からしてセキュリティが非常に脆弱なシステムだったのだ。

友達をつくりたい少年が貸出カードに名前が書かれた人々を探し出すエピソードを描いた作品もある。アメリカのCBSで二〇〇七年から二〇一九年に放送され、なんとシーズン一二まで続いた人気シットコム「ビッグバンセオリー」（The Big Bang Theory）のスピンオフ「ヤング・シェルドン」だ。「ビッグバンセオリー」に登場する四人の主人公のうちのひとりで、天才的な理論物理学者シェルドン・クーパーの子ども時代を描いている。九歳で高校に入学した主人公シェルドンは、頭脳明晰だが社会性に欠ける少年。友達がほしい彼は、図書館の司書がすすめてくれた『友達のつくり方』という本を読んでみたがうまくいかない。そんなシェルドンに双子の妹ミッシーが、本の貸出カードにある名前の人を探してみたらとアドバイスする。

きっとその人たちもシェルドンのように友達がほしいのかもしれないと言われて、シェルドンはミッシーの助言を実行に移す。

ドラマの中でシェルドンがしたように、もし知らない人がいきなり私に近づいてきて「図書館でこの本を借りたことがありますよね？」なんて言い出したらぞっとするだろう。私が図書館で借りて読んだ本のリストが世間に知られるのもイヤだ。恥ずかしい趣味の記録なんかを他人に見せたいわけがない。

二〇一五年、神戸のある日刊紙が、作家村上春樹が高校時代に学校図書館で借りた本の記録を入手して、本人に事前の承諾を得ることなく報道した。当然ながらこれはプライバシーの侵害だとして論議を呼んだ。学問的に研究価値のある公的資料だから問題はないという新聞社の主張の是非は脇に置いても、本人の同意を得ずに貸出記録や貸出カードに書かれた他の生徒の氏名まで公開したのは明らかに個人情報の流出だ。

「図書館利用者は、個人のプライバシーと匿名性への権利を有するものである。図書館専門職とその他の図書館職員は、図書館利用者の身元ないしは利用者がどのような資料を利用しているかを第三者に開示してはならない」。これは国際図書館連盟が「図書館と知的自由（intellectual freedom）に関する声明」で明らかにしている実践事項だ。

サスペンス・スリラー映画「セブン」では、刑事がニューヨーク公共図書館の貸出記録を不法に盗み出して連続殺人犯の手がかりを見つけだすが、こうしたことは現実にいくらでも起こりうる。実際に、二〇〇一年九月一一日の同時多発テロ以降、ＦＢＩと司法当局が図書館に対して貸出情報を要求した事例は多い。これに対抗して米国図書館協会は、利用者の同意のない貸出情報の照会を直ちに中断することを要請した。二〇〇一年、アメリカ議会は愛国者法（Patriot Act）を可決し、政府機関がテロ防止のため図書館に対して貸出情報資料の提出を要求できるよう規定した。それ以後、アメリカにある多くの公共図書館では、利用者の貸出記録を保管しない方針を立てた。ほとんどの場合、本が返却されると貸出記録を削除し、一定期間後（通常一～三年）に利用者が図書館カードを更新しない場合には図書館のシステムから個人情報を消去している。

図書館は利用者が「借りた」本だけでなく「借りるであろう」本に関する情報も保護しなければならない。自分がこれから借りる本を他人に見られるのがイヤで借りるのをためらう利用者がいる。図書館は利用者が職員を介さずに本を借りて返却もできるように、自動貸出機を備えたほうがいい。

私がまだ司書だった頃、こんなことがあった。ある日閲覧室で、ちらちらと書架に目を向けながら、キョロキョロと周りをうかがっている若者がいた。ぱっと見た感じでは中高生くらい。私はそばに行って慎重に声をかけた。

「どんな本を探しているの？　お手伝いしましょうか？」するとその若者はあわてて「いや……いいです」と言葉をにごして、すぐにその場から離れてしまった。あれ、何かまずいことを言ったかな？　でも司書に微笑みかけられたり話しかけられたりするのがイヤな人もいるのだろう、買い物中に近づいてくる店員のフレンドリーな接客を私が負担に感じるように。ひょっとしたらただの書架めぐりを邪魔されたくなかったのかもしれない（それにしても、何だか一生懸命探していたみたいだけど、いったいどんな本を探していたのだろう？）。好奇心が湧いて、さっきその人が立っていたあたりの書架をじっくりと眺めてみた。「あ……」。一瞬にして申し訳ない気持ちでいっぱいになった。何の本が並んでいたかは書かないことにする。

不安、拒食症、避妊、いじめ、仲間はずれ、思春期、過食症、自傷行為、うつ病、自殺、妊娠、性的暴行、死、ニキビ治療、怒り、アルコール、ＬＧＢＴＱ、ＰＴＳＤ、障害、身体イメージなど、利用者にとっては堂々と質問しにくいセンシティブなテーマがある。アメリカの公共図書館では特に青少年のプライバシーを保護するためにこの分野の本の請求記号を別のリストにして書架に貼っておいたり、目につくところに備え付けたりもする。利用者が検索機を使わなくても早く本を見つけられるようにするためだ。青少年用の閲覧室にこうしたセンシティブなテーマの図書を別途展示しておいて、利用者が貸出記録を残さずに借りることができるように工夫した図書館もある。「あとで本を返却できなかったらどうしよう？」と心配する読者がいるかもしれない。でも司書のほうは「利用者が必要な本を借りられなかったらどうしよう?」といった心配をしているのだ。

韓国では、日本の内申書にあたる学校生活記録簿に読書活動の内容を記載させ(二〇二四年から読書活動の状況は大学入試に反映されないらしい)、青少年たちが教養図書や専攻に適合する読書を強要されていると聞いた。これは明らかに青少年の情報にかかわる人権侵害だと思う。本くらい自由に読ませてやってほしい。多感な時期、学業と試験以外にも学ぶべき大切な人生の問題があるというのに、すべてが入試中心の勉強に偏るのはとても残念だ。読書だってそう。青少年もみんなそれぞれ悩みや苦しみがあるはずで、そうした敏感なテーマを理解するための読書が必要だ。公共図書館ごとに基準は違うけれど、一般的に一六歳以上の利用者の図書貸出情報は家族であっても提供しないのが原則となっている。図書館と学校、そして社会は、青少年の知的自由を尊重し守る義務がある。

デジタル時代の図書館では、利用者の個人情報を保護する業務がますます複雑になっている。電子書籍、購読データベース、ストリーミングサービスなどのデジタルサービスを提供する外部企業との連携が増えるにつれて、個人情報流出の危険性は一層高まっている。一例を挙げると、二〇一九年、サンノゼ公共図書館はビジネス特化型のSNSであるリンクトイン(LinkedIn)に対して、利用者の名前やメールアドレスなどの個人情報要求項目を削除しなければリンダドットコム（リンクトインが買収したオンライン学習サイト。米国の多くの公共図書館が購読し利用者に提供している）の購読を取り消すと警告した。

　リンクトインは二〇二一年、ユーザー五億人分のプロフィールが、違法性の高い情報や物品の取引が多いダークウェブで販売されていると明らかにしたことがある。私たちは、無料でサービスを利用する見返りとして、各種ソーシャルメディアやインターネットサイトに個人情報を提供しているのだ。収集された情報はさまざまなルートを通じてどこかの誰かに売られている。バースデーケーキで飾ったロゴで私の誕生日を祝ってくれるグーグルを見ると、家族や友達より私のことを知っているような気がして背筋が冷たくなる。

　こういうご時世なので、図書館ではデジタルプライバシーワークショップといった個人情報保護のための教育も実施する。図書館だけでなく、図書館の外の世界でも利用者が被害に遭わないようにしてほしいからだ。アメリカのコンピュータ科学者で仮想現実分野の先駆者であるジャロン・ラニアーは、企業による無分別なデータ収集と活用を批判し、「図書館はビッグデータ時代に監視されることなく情報を得られる最後の場所」だと述べた。そう、図書館はビッグデータ時代のビッグ・ブラザーに立ち向かう大切な場所だ。司書の良心と勇気がこれまで以上に重要になってきた時代でもある。

スティーヴン・キングも恐れた図書館警察

「延滞料規定は図書館の司書を、幼い子どもたちを指導する人ではなくレジ係にしてしまう」

――ジーン・ブリス『お母さんにもそうするの？（Would You Do That to Your Mother?）』

正直に言うと、私はこれまでかなりの延滞料を図書館に支払った。足でも生えたかのようにいつのまにかどこかへ消えてしまう図書館の本は、なぜか返却日が過ぎるとどこからともなく現われる。あちこちに本を積み上げて何冊も同時に読むスタイルのせいか、こうしたことがしばしば起こる。つい先日図書館で借りてきた本も、今は家の中のあちこちに散らばっている。リビングのサイドテーブルにはブックアートの本『生まれ変わる図書館（*The repurposed library: 33 craft projects that give old books new life*）』が、ベッドサイドにはエイモア・トールズの小説『リンカーン・ハイウェイ』（二〇二三年、早川書房、宇佐川晶子訳）が、残りは……うーん、まだかば

んの中にある。電子書籍端末にも借りた本が何冊か入っているけれど、こちらは貸出期間が過ぎると自動的に返却される。まだ読み終わっていなくても強制的に。

驚く人もいるだろうけれど、司書も延滞する。先日TEDでスピーチしていたラクロス公共図書館の司書、ドーン・ウォシックも次のように告白していた。

「ここ数年でなんと五〇〇ドル以上の延滞料を払いました……忙しかったり、すっかり忘れてしまったり、ときには家が散らかっていて、ああ、ソファの下でDVDが一本か二本なくなったりもします」

アメリカの初代大統領ジョージ・ワシントンも借りた図書を延滞した。彼は一七八九年一〇月五日、ニューヨーク・ソサエティ図書館で借りた二冊の本を生前に返さなかった。二二一年という歳月が流れたあと、大統領記念事業会が代わりに当該図書の同じ版の図書を入手して図書館に返却した。延滞料を計算してみるとなんと三〇万ドル、韓国ウォンにすると約三億四〇〇〇万ウォンになる。

誰だって延滞してしまう可能性はある。だけど、誰もが延滞料を払えるわけではない。SF作家のフィリップ・K・ディックも、自分の収入は図書館の延滞料さえ出せないくらいだと苦しい懐事情を打ち明けた。一回の食事代にも事欠くような人々にとって、罰金一〇ドルは決して少ない額ではない。

ＴＥＤの話に戻ろう。ウォシックは、借りた本を紛失してしまってから数十年間も図書館に行くのをはばかった自分の母親の話をした。ほかにも、図書館カードがまるで返すことができないクレジットカードのように感じられるという三児の母親の気の毒なエピソードを紹介している。このように貧しい家庭の人たちが延滞料を恐れて図書館利用に消極的であることを訴える彼女は、図書館が地域社会のすべての人のための場所であるなら、罰金をなくして、広い心でみんなを受け入れるべきだと主張した。そう思うのはウォシックだけではない。二〇一八年、米国図書館協会は罰金や手数料が図書館を利用する上で潜在的な障壁となりえるかを綿密に調査し、公共の情報資源にアクセスするための機会を阻む政策は廃止すべきだとする決議案を発表した。サンディエゴ公共図書館では一三万人余りの利用者の罰金を免除し、延滞制度そのものを廃止した。延滞料未納で、図書館カードの使用を止められている利用者のうち半分近くが低所得者層であることを確認した上で決めたのだった。シアトル中央図書館とロサンゼルス中央図書館、シカゴ公共図書館、ニューヨーク公共図書館も後に続いた。延滞図書を回収するのにかかる手間と時間と費用が延滞料として得た収益より大きいという統計と、延滞料制度廃止後に図書館利用率が増加したという肯定的指標が相次いで発表されると、今回の決議案に同意して参加する公共図書館が急激に増えていった。

ところで、信じられないかもしれないが、過去には図書館が図書延滞を奨励したこともある。

一九二九年に始まった大恐慌時代、財政難に陥ったクリーブランドとブルックリンの公共図書館は「罰金」という用語を「感謝料金」に言い換えて、一週間の図書延滞を推奨するキャンペーンを実施した。延滞料を図書館の収入源にしようとしたのだ。当時、利用者一万二一三九人の罰金を免除したボストン公共図書館とは対照的だ。結果はどうだったか？　保護者の多くは自分の子どもが図書館から本を借りるのを禁じてしまった。

延滞図書の回収に公権力が動員されたこともある。一九六一年、ニュージャージー州イーストオレンジで六人の長期延滞者が朝早く警察署に連行される事件があった。これに憤った一部の市民が、図書館の利用を拒否して図書館カードを返却した。またある地域では、長期延滞者に対して懲役刑を宣告したという。

このようなとんでもない話の数々を耳にすると、スティーヴン・キングの中編小説『図書館警察』（一九九九年、文春文庫、白石朗訳）を思い出す。主人公のサムは、図書館の貸出デスクの前に貼ってあるポスターの警告文を目にした。「図書館警察の厄介になるべからず！　よい子は本の返却日をかならず守りましょう！」。延滞図書を返さなければ家にまで追いかけてくるという正体不明の警察官を実際に恐れたことがあるというスティーヴン・キングは、サムを通して自分の幼い頃を回想する。

こんなポスターを子どものころ見かけていたら、どんなに不安になったことか。図書館という安全な避難所から、単純素朴でなにものにもそこなわれない喜びの念が、どれだけ奪い去られたことか。そう思うと、怒りの念が胸中に湧きあがってきた。

図書館警察になりたい司書なんていないはずだ。私もそうだった。アメリカの公共図書館で利用者が最も不満に思っているのは罰金だ。韓国の公共図書館ではたいてい延滞日数分だけ貸出を停止するルールがあるが、アメリカの図書館では罰金が一定額を超えると利用者への貸出を一切禁止する。私がいた図書館では、主に貸出・返却部署の職員と館長が延滞料に関する苦情を主に処理していたけれど、ときどき司書たちもこのあまり楽しくない仕事に駆り出されることがあった。延滞料をまけてくれと懇願する利用者に初めて対応したとき、私はどうすればいいのかわからずかなり戸惑った。市場で値引き交渉をしているわけでもないのに、図書館の罰金をまけてくれだなんて。しかし話をよく聞いてみると気の毒な事情があった。職を失って求職中だったその人は、累積した延滞料のため図書館カードに使用制限がかかって館内のインターネットが使えなくなったという。私は仕方なく延滞料を減額することにした。聞くところによると、こうして罰金を減免することはよくあるらしい。経済的に苦しい失業者が延滞料を負担に感じるとき、貸出限度の五〇冊いっぱいまで本を借りた常連の利用者が、たった一日返却が遅れたせいで一二・五ドルを払わなければならなかったとき、体が不自由で図書館に頻繁に来られない高齢の利用者が多額の延滞料を知って驚いたとき、司書たちは彼らの心配をなくそうと手を尽くしていた。

経済的困難に直面している社会的弱者が図書館を安心して利用できるようにと、アメリカの図書館は罰金をなくすために動き出している。私が以前働いていた図書館でも、数カ月前に延滞料制度をなくしたそうだ。もっと早くにそうすればよかったのに……。

先日、あるベストセラー作家が地元の公共図書館に五万ドルを寄付したという記事を読んだ。幼い頃、図書館が大好きな場所だったという彼はこう言った。「子どもの頃、私は図書館が大好きでした。なぜなら、私のように比較的貧しい家庭の子が読みたい本を思いきり読める場所は図書館しかなかったからです」ほかでもない、図書館警察を恐れていた、あのスティーヴン・キングの言葉だ。

図書館ねこの存在感

「デューイは、うちの図書館の宝です。わたしたちの気持ちを明るくし、ここを最高にいごこちのいい場所にしてくれます。みんな、デューイが大好きなんです。子どもはとくにね」

――ヴィッキー・マイロン『図書館ねこデューイ』
(二〇一二年、アスキー・メディアワークス、岡田好惠訳)

司書が楽な職業だと思う人がいるなら、それは大きな誤解だと言いたい。水の上で優雅に浮いているように見える白鳥が、水の中では休まず足をばたつかせているのと同じで、蔵書管理、質疑応答サービス、利用者教育、プログラムの企画と進行、広報物の製作、マーケティング、職務教育ワークショップや会議など、司書が担当する仕事はみなさんの想像以上に多い。知識を扱う知的労働と知識を伝える肉体労働の無限リピート。レンガのように重い本を書架から取り出してカートに載せ、それを押してまた書架に並べる作業を繰り返すため、手首の痛みに悩

まされるのも司書の職業病のひとつだ。いつだったか、とある新聞記事に図書館司書がなりやすい病気として、手首腱鞘炎《けんしょうえん》、手指関節炎、そしてばね指があると書いてあった。いやいやそれだけではない。「パワハラ」まがいのクレーマーのせいで感情労働に苦しむのもしょっちゅうだ。それで韓国人司書たちは笑えない冗談をよく言う。司書は買《サ》っ《ッ》て苦労する職業だって。

それに比べると図書館ねこは違う。彼らは基本的に寝ているだけで特に何をするわけでもないのに、その存在だけで利用者の大きな愛を一身に浴びるのだ。関節炎に苦しむ司書の前でこれ見よがしに柔軟な関節を誇るねこ。物音も立てずにすばやくジャンプして書架を歩き回れる能力がうらやましい。とはいえ、図書館ねこにも一応は仕事が与えられている。主にはネズミを捕まえること。ごくたまに利用者に向かって愛嬌を振りまき、図書館のPR業務を担当することもある。ちゃんとやっているかどうかは知らないが、とにかくそんなところだ。

それにしても図書館ねこだって？　と疑問に思う読者もいるだろう。図書館ねこの歴史はなんと中世にまでさかのぼる。一四二一年に建てられた建物の中にある英国マンチェスターのチェサムズ図書館では、筆写本をかじるネズミを退治するためにねこを採用した。しかしこのねこは自分の仕事をするどころか、貴重な筆写本に足跡をつけ、おしっこをかけるなど蛮行を重ねたと伝えられている。英国の図書館は十九世紀にもねこを正規職員にしていて、政府のほうもねこを採用する図書館を支援したらしい。

十九世紀のアメリカにも図書館ねこが存在した。記録に残るアメリカ初の図書館ねこは、ペンシルベニア州アレゲニーにあったカーネギー図書館で活躍した。このねこの主な任務は、製本用に貼った糊《のり》をかじって本をダメにするゴキブリを退治することだった。

さて、ここで問題。次に挙げる人物の共通点は？　ホルヘ・ルイス・ボルヘス、デイヴィッド・ヒューム、マルセル・プルースト、ビバリー・クリアリー、ローラ・ブッシュ、老子、カサノヴァ。正解は……みんな司書。いや正確には、かつて司書だった有名人たち。今これを読んで初めて知った人もいるかもしれないけれど、まあそれも仕方ない。司書が名声を得ることなんてめったにないし、司書の仕事で富を得るのも難しいから。図書館史上、司書だという理由で有名になった人間はいないだろう。だけど、司書ねこは運が良ければ世界的なスターになることもある。その代表的な例がデューイだ。

一九八九年一月のある日、氷点下二六度の寒さの中、生後八カ月ほどの子ねこがスペンサー公共図書館の図書返却ボックスの中から発見された。アイオワ州にあるスペンサーは人口一万人程度の小都市だ。ねこを助けた図書館の職員たちは、新しい家族となる子ねこに、図書の十進分類法を完成させたメルヴィル・デューイにちなんで「デューイ」と名付けた。住民公募で最終的に決定したフルネームは、図書館職員にふさわしい「デューイ・リードモア・ブックス」（Dewey Readmore Books）だった。図書館ねこデューイは、景気の低迷で落ち込んでいた地

域住民に笑いと癒やしをくれただけでなく、小さな田舎町に活気をもたらした。デューイの物語は本になって世界的なベストセラーになり、韓国でも『デューイ　世界を感動させた図書館ねこ（듀이—세계를 감동시킨 도서관 고양이）』として出版され、現在も多くの読者に愛されている。二〇〇六年、胃がんの合併症で闘病中だったデューイが一九歳で安楽死したときには、AP通信がニュースを流し、二七〇余りのメディアが訃報を伝えたほど、デューイは図書館ねこ界のスターだった。

デューイに勝るとも劣らないファンを持っていた図書館ねこは他にもいる。スコティッシュフォールドのベイカーとテイラーだ。ネバダ州ダグラス郡の公共図書館で一五年間ネズミ捕り業務を担当してきた二匹の話も本となって出版された。ファンクラブまでできるほど有名になったベイカーとテイラーは（アメリカの公共図書館が主に利用する）書籍卸売会社であるベイカー・アンド・テイラー社のマスコットとしても活躍した。

私が勤めていたオレンジカウンティ図書館のシルベラード分館（のちに「ザ・ライブラリー・オブ・ザ・キャニオン」に名前が変わった）にも司書ねこがいた。一九八五年から一五年間勤務していた三毛猫の「アリス」（Alis）だ。アリスは「自動化図書館情報システム」（Automated Library Information System）の頭文字からとった名前で、『ロサンゼルス・タイムズ』や地元の新聞の紙面を飾ったこともある、それなりに有名な図書館ねこだった。アリスのお給料は図書館の利用者からの寄付。案内デスクの隣に置かれたねこのえさ用募金箱には、司書ねこの健康を気にかける住民たちの温かい気持ちがいつも感じられた。一九九八年、ピットブルに噛まれたアリスが手術をすることになったときには、なんと一四〇〇ドルもの寄付が集まった。アリスが亡くなると、図書館の隣にあるスーパーマーケットのオーナーはアリスを追悼して桃の木を植えた。その後「メーガン」と呼ばれる後任のねこが入ってきたが、数年前、アリスと同じように虹の橋を渡ってしまった。メーガンはその図書館の最後の司書ねこだった。

昔は図書館ねこがけっこういたらしくて、なんと、図書館ねこ協会なるものもあったという（一九八七年にミネソタ州のとある司書が創設した）。しかし図書館ねこたちは次第に居場所を失っていった。ねこアレルギーのある利用者や職員からの苦情が増えたことに加えて、アメリカの公共図書館では盲導犬を除く動物の立ち入りを原則的に禁止しているからだ。

そんな中、誰の顔色もうかがうことなく堂々と図書館に通勤する動物の職員がいる。私が勤めていた地元の図書館では、月に一度子ども用読書プログラム「犬への読み聞かせ」に参加するボランティア犬を招待する。このプログラムは、子どもたちが自分でセラピードッグに本を読んで語りかけることで、読解力と読書する動機を育て、犬を含む参加者たちとポジティブな相互作用を経験できるようにする読書プログラムだ。カリフォルニア大学デイビス校とタフツ大学人間動物相互作用研究所の研究によると、セラピードッグ読書プログラムに一定期間参加した子どもたちの読解力と学習態度が向上したとある。リサ・パップは『わたしのそばできいて』（二〇一六年、WAVE出版、菊田まりこ訳）という絵本の中で、図書館のボランティア犬に本を読みきかせる子どもたちの心理をこのように描写している。「失敗しないかと心配しなくていいので、本を読むのが楽しかったです。ボニーの目が、ゆっくり読んでもいいよと言ってくれているみたいでした」。誰にも間違いを指摘されないリラックスした雰囲気の中で、子どもたちが犬に本を読み聞かせるこのプログラムは、読書に対する自信と興味を育てることができるので、多くの子どもたちに人気がある。

我が家のお隣の犬ロキシーも、隣町にあるミッションビエホ公共図書館で毎月ボランティア活動をしている。セラピードッグのロキシーは、ちゃんと教育プログラムを修了して関連機関から資格証までもらっている。図書館に行く日の朝は、アレルギーがあるかもしれない子どもたちのために、きれいにシャンプーしてもらう。図書館に着くと、子どもたちが英語だけでなくスペイン語、アラビア語、中国語などいろんな言葉でロキシーに本を読んでやる。自分の順番を待つ間、子どもたちはロキシーをなでながら心を通わせ、読み聞かせが終わると図書館のあちこちにロキシーのおやつを隠して見つけてもらう遊びをすることもある。ロキシーは新型コロナウィルスのパンデミック期間にもオンラインで読み聞かせプログラムに参加した。

ところで、最近では図書館ねこの採用はほとんどないけれど、ねこに関連する行事は増えている。図書館ではねこの救助活動家を招待して開く講演会や、捨てねこ養子縁組イベント、ねこの行動矯正や飼い主の教育、アニマルライツ教育など、多彩なプログラムを実施している。ウェストバージニア州のモーガンタウン公共図書館は、職員たちと養子縁組を待つねこたちをモデルにカレンダーを製作した。また、パンデミック期間中、ミシガン州のアナーバー地域図書館では、地域の執事（ねこを飼っている人）たちがねこと一緒にオンライン上で集うイベントを開いたりもした。

エディンバラ大学図書館に通うねこ、ジョーダンの物語を書いた本『図書館のねこ（*Library Cat*）』にこんな文章がある。「人間はとても寛大な魂を持つことができる」。ジョーダンの言葉だ。すべての人間がそんなふうになれればいいけれど、残念ながらペットを捨てたり虐待したりする悪魔のような人間もいる。だから図書館はペットについての教育を幅広く行う必要があるのだ。韓国の動物愛護市民団体KARAを後援する作家たちが文章を寄せた本『他ならぬ愛と自由（다름 아닌 사랑과 자유）』で小説家チェ・ウニョンはこうつづっている。「動物と人の関係が何人かの犠牲や善意だけに頼るものであってはならない。私たちは細かいネットを共に編むようにつながりあっていかなければならない」。

図書館は地域のみんなが緊密なネットワークをつくる場所だと思う。そして司書は地域社会をまとめる職業であり、地域のすべての人たちと共に幸せな社会をつくっていく人間だ。だとすれば、司書《サソ》は買って《サソ》でもすべき仕事かもしれない。まあそれでも来世は、水面下で足をバタバタさせている白鳥のような図書館司書ではなく、できれば遊び人のような図書館ねこに生まれ変わりたいものだ。

ビールを記録する図書館

「アーカイブとは歴史が執筆される場ではなく、些細なことと悲壮なことが全く同じ日常的な語調で繰り広げられる場である」

――アルレット・ファルジュ『アーカイブの味わい（Le goût de l'archive）』

「司書なんかやめてコメディドラマの作家になってやる。図書館で起こる出来事をネタにしたら絶対に稼げると思う」同僚の司書Tさんがよくそう言っていた（その後Tさんは公共図書館の仕事をやめて、カリフォルニア州にある公文書記録管理局のアーキビストになった）。あらゆるタイプの人たちがやってきて、何かと驚くような出来事が繰り広げられる「ダイナミックな図書館」では退屈する暇なんてない。毎日新しい事件が起こるのだから。閲覧室で取っ組み合いながらテコンドーの蹴り技を披露する利用者を見ると、テレビのシットコムがつまらなく感じてしまう。そんな図書館の日々の中で、静かどころかイライラしすぎて倒れそうなくらい退屈な業務がある。そう、一冊ずつ本を分類して目録化する作業だ。

あるとき図書館本部で韓国語図書のリストをつくることになり、私は三カ月間だけ業務支援に出かけた。そこで目にしたのは、まるで中世ヨーロッパの修道院のようにシーンと静まり返った部屋の中で写本という黙言修行にいそしむ修道女のような司書たち。私は一日中机の前に座ってハングルをローマ字に変換し、ひたすらコンピュータに書誌情報を入力した。同じことを繰り返すのが大嫌いな私にはまさに苦行だった。指の関節が痛み、肩こりもひどくなるばかり。集中が切れるとつい違うことを考えてしまう。こんなことをずっと続けていたら、筋骨格系疾患になるかも……。貸出カードを手書きしていた時代の司書は、どれほど手が痛かっただろう? たしか、私のように字が汚い司書のためにメルヴィル・デューイが開発した図書館体(Library Hand)というスタイルで書くことになっていたはず。ああ、こんなにつらくて面倒な目録作成なんて、もううんざり!

とにかくイヤでたまらない仕事だった。しかし実際に中世修道院で働いていた昔の筆耕士たちの苦労はこんなものではなかったはずだ。キース・ヒューストンの著書『本(*The Book*)』に出てくる中世筆耕士たちの愚痴を読めばそれがわかる。「嗚呼、もうこれ以上書きたくない。嗚呼、死にそうだ。頼む、一杯だけ酒をくれ」「筆写はあまりにも大変で単調すぎる」「背中は曲がり、目はかすみ、お腹とわき腹は歪む」。そんなつらい一日の作業を終えてビールにありつく彼らのほっとした姿を想像しながらふとこんな考えが浮かんだ。数百年前のビールは今とは違った味がしたのだろうか？

いや、問題は味ではない。図書館がなかったら、私たちは一日の終わりをビールで締めくくることなんてできなかったはずだ。メソポタミアのシュメール人たちが製法を刻んだ粘土板から始まって、ジョージ・ワシントンがレシピを書いたノートまで、図書館はビールの歴史を記録し保存してきた。醸造業者は図書館に隠されたビールの秘密を探そうと、今もどこかで埃にむせながら、料理本や自叙伝、エッセイや手紙、そして誰かの日記などを必死になってひっくり返しているはずだ。数年前には、ベルギーにあるグリムベルゲン修道院の図書館でビールのレシピと目録を記録した本が発見され、二二〇年前のビールが復活したらしい。

私は旅行中に飲んだビールを写真に撮って記録することにしている。あるとき、コピーライターのキム・ミンチョルが書いた『すべての曜日の記録（모든 요일의 기록）』で、著者がビール瓶のふたを収集しているという文章と写真を目にして、これまでに撮りためたビールの写真を見返してみようと思いついた。けれど撮りっぱなしで整理もしていないスマホのフォルダからビールの写真だけをピックアップすることはどう考えても無理そうだった。あーあ、私もビール瓶のふたを集めるべきだった！

数千個ものふたを集めて思い出のアーカイブをつくるキム・ミンチョルは「ビール瓶のふた

の裏にネームペンで日付と都市の名前を必ず書いておく。我々の頭はそれを覚えていられるほど良くはないという事実を知っているからだ」とも書いている。そのとおり！　金魚の記憶力は（三秒ではなくて）最長で一二日、集中力も人間よりはるかに高いらしい。スマホを手放せないうえに、記憶力と集中力まで失いつつある私たち人間は、一生懸命「記録」しなければならない。カール・セーガンが言ったように「記憶の大型物流倉庫」である図書館が必要な理由はここにある。

サンディエゴのカリフォルニア州立大学サンマルコス校の図書館は、二〇一七年に「ブルーカイブ」というビールのアーカイブを開設した。地域のビール醸造産業の歴史と現況を記録し、特に醸造業に携わる女性に関する情報収集に力を入れている。また、カリフォルニア州南部で最大の醸造所でありストーンＩＰＡで有名なストーンブルワリーのビールコレクションと、いくつかの醸造会社が寄贈した写真、ビデオ、製造ノート、ビールサーバーのタップハンドル、コースターなど、ビールに関連したさまざまな資料を確保して研究を支援している。

また、サンマルコス校の図書館をはじめとするアメリカの多くの図書館では、パンデミック期間中の集合的記憶を記録している。ニューヨーク公共図書館は「パンデミック・ダイアリーズ・プロジェクト」を実施して、ブラック・ライブズ・マター、教育、エッセンシャルワーカー、ヘルスケア、移民、就職および経済、メディアとジャーナリズム、芸術公演、政治、レストラン、食べ物、執筆、読書、本などをテーマに、世界規模の伝染病を経験した市民たちの語りを収集した。図書館のウェブサイトに寄せられたオーディオファイルは、審査を経た後、図書館のアーカイブに永久保存される。そうかと思えば、自宅での「隔離飯」レシピをシェアするアーカイブをつくった図書館もあった。話題となった「タルゴナコーヒー」のレシピも、韓国のどこかの図書館が記録しておくべきだろう。個人の記憶は共同の記憶であり、個人の記録は共同の歴史でもある。そして図書館は地域社会の時間を記憶する空間だ。パンデミックを経た私たちの時間も、図書館で永遠に記憶されることだろう。

楽器たちの図書館

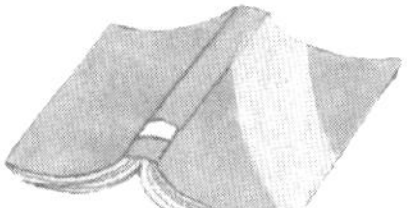

「楽器を習いたいという話はしたものの、実際のところ、やりぬく自信はなかった。音楽にはもともと才能がないうえ、いったいそれを習って何になるのか、見当がつかなかった」

——キム・ジュンヒョク『楽器たちの図書館』（二〇一一年、クオン、波田野節子、吉原育子訳）

図書館で本だけを借りる時代はとっくの昔に終わった。今では、科学実験キット、昆虫採集セット、VRヘッドセット、工具、テント、自動車の故障コード診断機、クッキーカッター、植物の種、ハイキング装備、ビデオゲーム、ボードゲーム、ミシン、顕微鏡、カメラ、ターンテーブル、アクションカメラなど、いろんなものを無料で貸してくれる、いわば「モノの図書館」サービスがアメリカで人気だ。パンデミック期間にはモバイルホットスポットとノートパソコンの貸出がずいぶんと増えた。最近は物価高なので、こうしたモノの図書館が街にひとつはあってほしい。普段あまり使わないものが必要になったとき、気軽に借りられるところがあれば、不要な消費を減らせるし環境にも良いのでは？

モノの図書館は一〇〇年以上前にもあった。一九〇〇年代の初めにはピアノロール（自動ピアノ演奏の情報が記録された巻き紙）を貸してくれる図書館があったし、一九三〇年代の大恐慌時代には、ロサンゼルス中央図書館がおもちゃを無料で貸し出していた。

五感をフルに使ってほかの子どもたちと交流しながら遊べるおもちゃを貸し出すサービスこそ、図書館本来の精神に合致するものだ。大人だって好きなだけおもちゃを借りることができたらどんなに楽しいだろう？　最近では（五感を刺激する高価なおもちゃである）楽器を貸してくれる図書館がかなり増えた。レッスンを無料で提供し、練習室まで貸してくれる図書館もある。サンディエゴ公共図書館では、パンデミック期間にバイオリンのオンラインレッスンを提供した。図書館はまさに、階層間の文化資本の格差を縮めることができる社会的インフラだと言える。

マーカス・ヘンリックは著書『ドクター・ポップのミュージカルオフィスアワー（*Dr. Pops musikalische Sprechstunde*）』で、楽器を学ぶと認知能力、感性、自我、創造力、運動能力が発達し、言語能力と社会性が向上するだけでなく、教養を育むことができると述べていて「楽器を習うのに遅すぎることはない」と読者を励ましている。『年齢に関係なく楽器を学べる科学（*Guitar Zero: The Science of Becoming Musical at Any Age*）』で著者ゲイリー・マーカスは「練習も大事だが、子どもたちがそれぞれ生まれ持った才能に合った楽器を見つけることも重要だ」というハーバード大学の神経科学者の言葉を引用している。だったら私はいつかインドの楽器シタールを習ってみたい。楽器を習うのに遅すぎることはないらしいし、私の才能にぴったりの楽器かもしれないからだ。

楽器の図書館は二〇一九年夏に訪れたバンクーバー中央図書館で初めて見た。もしかしてシタールがあるかもと期待してずいぶんと探し回った。マンドリン、ウクレレ、アコースティックギター、エレキギター、バンジョー、打楽器のボンゴやカホンやダラブッカやジャンベ、そしてバイオリンにキーボード……うーん、残念ながらシタールはなかった。

どこかにシタールを貸してくれる楽器の図書館はないかなと思ってインターネットで検索してみると、カリフォルニアのサクラメントにミュージッククランドリア図書館なる場所があるではないか！　七〇〇以上の楽器を無料で貸し出してくれるアメリカ最大の楽器の図書館らしい。ああ、世界は広く、図書館は多い！

キム・ジュンヒョクの短編小説『楽器たちの図書館』に、シタールの音色の描写がある。「世界で一番寂しい音は、誰もいない部屋で、シタールの一本の弦をそっとつまびいたときに出る音」。この世で一番寂しい音とは一体どんな音だろう？　いつか図書館でシタールを借りることができれば、誰もいない部屋で静かに弦をつまびいてみたい。

図書館は楽器を貸してくれるだけではない。バンクーバー中央図書館では楽器を演奏して録音までできるレコーディング・スタジオ施設「インスピレーションラボ」(Inspiration Lab)がある(図書館内に各種録音機器やカメラ、照明、コンピュータ、ソフトウェアなどを備えた創作空間をメディアラボと呼ぶ)。グアテマラ出身のあるストリートミュージシャンは、ここで自身のファーストアルバムを制作した。

図書館のメディアラボでアルバムを制作した有名ラッパーもいる。ほかでもない、二〇一七年第五九回グラミー賞で、最優秀新人賞、最優秀ラップ・パフォーマンス賞、最優秀ラップ・アルバム賞の三冠に輝いたチャンス・ザ・ラッパーだ。ネットフリックスが制作したラップのオーディション番組「リズム+フロー」シカゴ編では、審査員として参加したチャンス・ザ・ラッパーがハロルド・ワシントン図書館を訪問するシーンがある。彼は学生時代、この図書館のメディアラボ「ユーメディア」(YOUmedia)の常連だった。図書館のすすめでラップを始めたチャンス・ザ・ラッパーは、初のミックステープ「10 Day」をそこで録音した。スターになった彼はシカゴにあるカーター・ウッドソン地域図書館のメディアラボの後援者となり、シカゴの公立学校にも一〇〇万ドルを寄付した。かっこいいお金の使い方ではないか!

私もいつか図書館のメディアラボでギターを演奏してアルバムをつくってみたい。クラシックギターは私の人生を豊かにしてくれるパートナーと言ってもいい。図書館はそんなパートトナーとの暮らしをさらに豊かにしてくれる場所だ。アメリカに初めて来た頃、韓国では探せなかった貴重なクラシックギターのアルバムを図書館で発見して感激したことを覚えている。数年前には地元の図書館で、イタリアのクラシックギターデュオ「ブルスカーズ（Bruskers）」のライブ映像を見た（彼らは二〇一四年に韓国で起こったセウォル号沈没事件の被害者を追悼するために「アリラン」を編曲して演奏した）。

カリフォルニア州立大学ノースリッジ校図書館のクラシックギター楽譜デジタルコレクションは私の大切な宝箱だ。フェルナンド・ソル、フェルディナンド・カルッリ、マウロ・ジュリアーニなど、大変貴重な古典派ギター作曲家たちの古い楽譜がたくさん保管してある。図書館は文字だけでなく音符も保存してくれるのだ。私は最近、図書館が購読する世界のトップアーティストたちによるレッスン動画コンテンツ「アーティスト・ワークス」で、クラシックギタリスト、ジェイソン・ビオーのレッスン動画を見ている。図書館のメディアラボで私のファーストアルバムをレコーディングする日まで、一生懸命練習するつもりだ。この先何ができるかはわからないけれど、ただやってみたいからやっている。ひょっとして私も、チャンス・ザ・ラッパーのようにミュージシャンとして成功するかもしれない。そうなったら私も図書館にかっこよく寄付するつもりだ。でも成功しなくたって図書館に少額の寄付はできる。すべての人が成功できるわけではないけれど、すべての人が成長することはできる。成功した人ではなくても成熟した人にはなれるし、熾烈に生きなくても面白く生きることはできる。だから私は図書館に行くのだ。

先日YouTubeで、世界各国の楽器を紹介して演奏を聴かせてくれる「楽器たちの図書館」という番組（韓国教育放送公社ＥＢＳのコンテンツ「オーディオ天国」のコーナーのひとつ）を見つけたので視聴していると、なんとシタール演奏の動画があるではないか。これを見たあと「世界で一番寂しい音は、誰もいない部屋で、シタールの一本の弦をそっとつまびいたときに出る音」がますます気になった。もし我が街にも楽器の図書館ができたら、私はすっ飛んで行って司書に訊いてみるつもりだ。「シタールという楽器はありますか？」

古代図書館の遺跡で発見した平行理論

「アウグストゥスとトライヤヌスの時代、すなわちこの都市がすばらしい公共図書館の故郷であったころには、人口は一〇〇万人をこえていた。だがこうした血なまぐさい歳月の間に、その数は三万の低さにまで落ちた。衰微し荒廃した結果、市には図書館を維持する基金も、利用する人びともなかったのである」

――ライオネル・カッソン『図書館の誕生』(二〇〇七年、刀水書房、新海邦治訳)

図書館は長い歴史の中で、支配階級の思わくと市民の後援によって成長と衰退を繰り返しながら進化してきた。賢明な者は図書館を建設し、愚かな者は図書館を破壊する。先日、二〇二二年五月一三日の時点でウクライナにある二七カ所の図書館がロシア軍の侵攻により被害を受けたというニュースを耳にした。侵略と火災で消滅した図書館の歴史について話し始めると本一冊分は書けそうな気がするが、私にそんな能力はないので「古代アレクサンドリアからデジタルアーカイブまで、知識の保存と破壊の歴史」を盛り込んだ素晴らしい本を一冊おすすめしたい。オックスフォード大学ボドリアン図書館の館長をつとめるリチャード・オヴェンデンの著書『攻撃される知識の歴史』（二〇二二年、柏書房、五十嵐加奈子訳）だ。著者はいにしえの学問の中心地であったアレクサンドリア図書館が消えた決定的な原因が侵略と火災ではなく、関心と管理の欠如によるものだったと主張している。

古代アレクサンドリア図書館は跡形もなく消えてしまったけれど、建物の痕跡が今も残る古代図書館はあるらしい！　それを知った私はギリシャとトルコにある図書館の遺跡を訪れてみた。アテネ市内アクロポリスの北に位置するハドリアヌスの図書館は、一三二年ローマ帝国第一四代皇帝ハドリアヌスが建設した。三世紀に外敵の侵入によって破壊され、現在では西側のファサードの一部と柱だけが残っている。ハドリアヌスの図書館は、閲覧室と講演場、そして中庭の中央にプールまで備えた、まさに複合文化空間の始祖とも言える。円柱が並ぶ回廊にはかつて庭園と遊歩道があったという。古代ローマの政治家で哲学者でもあったキケロは、庭と図書館があれば、必要なものはすべて手にしているのだと言った。古代ローマの市民たちは、図書館で本を読み、散策をして、講演を聴き、展示を鑑賞し、水泳まで楽しんだのだろう。人生で必要なものをすべて持っている人たちだったとも言える。

ユネスコ世界文化遺産に登録されているトルコのエフェソスには、かの有名なケルスス図書館がある。現存する古代ローマ図書館の遺跡では最も原形が保たれているところだ。現在残っているのは正門ファサードと廃墟となった内部の一部のみだけれど、それを見るだけでも古代図書館の威厳をじゅうぶんに感じることができる。

一三五年、ティベリウス・ジュリアス・アクイラ・ポレマエアヌスは、ローマ帝国の執政官だった亡き父親の功績を称えるため、墓所をおおう建物としてケルスス図書館を建てたと伝えられている。一階部分にはコリント式の支柱があり、その間の壁に設けられた窪みには、知恵（ソフィア）、知性（エンノイア）、知識（エピステーメー）、美徳（アレテ）をそれぞれ象徴する彫像が四体ある。図書館周辺には、円形大劇場、競技場、公衆浴場など、さまざまな文化施設や休息のための空間があった。「徳」または「優秀性」とも訳される「アレテ」、つまり人格の錬磨を目指すのにはまさに最適の環境だったのだろう。

文献情報学者のユン・ヒュンは著書『図書館知識文化史（도서관 지식문화사）』で、「テルマエ」と呼ばれる公衆浴場の付帯施設としてつくられた公共図書館について書いている。帝政ローマ末期には公衆浴場の数がなんと九〇〇以上もあり、浴場の利用客は図書館を無料で利用できたらしい。図書館のある公衆浴場だなんて素晴らしい！

実は現代にも、サウナを設置しようとした図書館がある。二〇一八年に開館したヘルシンキ中央図書館オーディが館内にサウナ空間をつくろうとしたが、施工直前に計画を撤回した。うーん、残念。公衆浴場がある公共図書館、ぜひ韓国につくってほしい！

古代の図書館と現代の図書館の間には平行理論が存在する。今日の図書館が目指す多くの要素を実現していた古代アレクサンドリア図書館は、公文書館と博物館を兼ねていて、現代ではラーキビウム（Larchiveum は、図書館［Library］とアーカイブ［Archive］、博物館［Museum］の合成語）と呼ばれるものの原形だった。芸術作品を展示する博物館であり、公文書を保存するアーカイブでもあった古代ローマの図書館で、市民たちは本を閲覧して芸術品を鑑賞した。討論会や講演会に出席することもあっただろう。机と椅子を備えた閲覧室という概念も古代ローマの図書館で誕生したものだ。建物の壁面に書架を配置して天窓を活用した開放的な空間は、現在の図書館の姿と大きく違わない。古代ローマの図書館はラテン語の蔵書が増加するに伴って、スペースの問題を解決しようと都市の外郭に図書を保管するための書庫をつくったり分野ごとに特化した図書館を建てたりもした。これも現代の図書館と変わらない。

図書館の繁栄に欠かせないパトロン（後援）の伝統は古くからあるものだ。古代ローマの図書館は、皇帝や貴族たちの後援で設立され運営された。アメリカの公共図書館もまた、カーネギー財団からの寄付で大きく成長することができた。古代の図書館が正門前の碑銘に寄付をした支援者の名前を刻んだように、アメリカの公共図書館でも寄付をした地域の人々の名前を建物に記録している。

パンデミックの最中、図書館はこれまでで最も速いスピードで進化した。過去の経験から学んで新しい図書館をつくり上げるために、最新技術を活用してオフラインからオンラインに蔵書を移し、情報を得ることが難しい人々が、必要な知識に自由にアクセスできるようサービスを向上させた。しかし同時に景気の低迷と税収の減少によって、図書館でも予算の削減や開館時間の縮小、人員の削減など、さまざまな困難があった。実際のところ予算は新型コロナウイルスの感染が拡大する前からどんどん減らされていて、図書館は大きな危機に瀕していたのだった。英国では二〇一〇年以降、約八〇〇を超える公共図書館が閉鎖されたそうだ。予算の削減で真っ先にリストラされるのが司書。でも司書が減ると蔵書のセレクションが貧弱になり、そのせいで図書館を利用する人も減ってしまった。英国の司書たちはより良い未来を作るためにも政府が図書館に投資すべきだと主張したが、残念ながら図書館は減り続けているようだ。規模の大きな公共図書館をつくった北欧や中国、また、古代アレクサンドリア図書館を復元して新しいアレクサンドリア図書館を建てたエジプトとは全く異なる状況だ。

図書館は一国の盛衰興亡を示す代表的な指標ではない。けれど、知識や情報を地域のすべての人たちに平等にシェアしてくれる図書館を現世代がどう考えるかが、次世代の盛衰を左右するかもしれない。他の福祉予算よりも先に削減されがちな図書館予算についても、みなさんがもっと関心を持ってくれればと思う。

政策の決定権を持つ人たちが図書館の閉鎖に無関心ならば、自分たちが図書館を守らなければと立ち上がった市民たちがいる。アラブの春の二〇一一年、熾烈な民主化の熱気の中でエジプトの治安も悪化し、アレクサンドリア図書館が略奪されかけたときがあった。図書館の館長はデモ隊に向かって、図書館を守ろうと訴えた。すると市民たちが手を繋いで人間の鎖をつくり図書館を取り囲んだ。そしてこう叫んだ。「ここは私たちの図書館だ。手を出すな！」

私が住んでいる街でも、パンデミックの直前に地域の住民たちが図書館を守るためのデモに繰り出した。今ある図書館を取り壊し、規模を縮小してショッピングセンター内に移転させるという市の計画に対して、それは図書館を殺す政策だと強く反発したのだ。住民たちは「図書館は街の心臓」「私たちの図書館を救え」などのスローガンが書かれたプラカードを掲げ、図書館を訪れた人たちにビラを配った。抗議の声は徐々に大きくなり、最終的に市は計画を見直すことになった。政策の決定権を持つ人たちの認識が足りないと図書館は必ず衰退する。しかし地域の人々の関心とサポートがなければ図書館は消えてしまう。これこそがまさに、私たちが決して忘れてはならない古代の図書館と現代の図書館の平行理論なのだ。

図書館旅行の理由

「どこへ旅行に行っても、その街の図書館に立ち寄ることにしている。旅を楽しむちょっとした秘訣だ」

——キム・ヨンス『いつか、たぶん（언젠가 아마도）』

旅行先で私がよく行く「館」が三つある。美術館、博物館、そしてもちろん、図書館。この中でひとつだけ選べと言われたら、誰がなんといおうと断然、図書館！　そもそも旅行先を選ぶ時点で、美しい本の空間があるとか、行ってみようかなと思える図書館がある都市かどうかを考慮することが多い。とはいえ以前は私も、美術館や博物館のようにその土地の名所と呼ばれるような図書館が存在するとは思ってもみなかった。

旅のルートに図書館を加え始めたのは、アイルランドの首都ダブリンに行ったときにトリニティ・カレッジ図書館を偶然目にしてからだ。あのときの感動は今でも鮮明に覚えている。入場までずいぶんと長い列に並んで待つ必要があったが、ひとたび図書館に足を踏み入れると、そんなことは一瞬で忘れてしまうくらい巨大で壮麗な本の空間が目の前に広がった。長い廊下には大理石でできた偉人たちの胸像が並び、廊下の両側は古書がぎっしり詰まった高い壁面書架が半円形の天井までそびえる「ロングルーム」（The Long Room）だった（映画「スター・ウォーズ」に出てくるジェダイ・アーカイブのモチーフになったところだ）。そのときの驚きはとうてい言葉では表現できない。あのすごさはおそらく写真でも完全に伝えることはできないだろうし、実際に中に入ってみないと絶対にわからないと思う。本で満たされた図書館が、美術館や博物館では体験できない実に神秘的な空間になりえることを、私はこのときに初めて知った。

パスカル・メルシエの小説『リスボンへの夜行列車』（二〇一二年、早川書房、浅井晶子訳）で主人公グレゴリウスは、ポルトガルにあるコインブラ大学のジョアニーナ図書館を見たときの感動を次のように回想する。

> こんな図書館は、これまで見たことがなかった。金と熱帯地方の木とで装飾された数々の部屋は、凱旋門を思わせるアーチで互いに繋がっている。アーチの上には、十八世紀初頭にこの図書館を建てた国王ジョアン五世の紋章。華奢な柱に支えられた回廊に設けられ

たバロック様式の書棚。ジョアン五世の肖像画。赤い長絨毯が華麗な印象を強めている。まるでおとぎ話のなかにいるようだ。

ここに書かれた「おとぎ話のなかにいるよう」な図書館が気になって私もコインブラに行ってみた。しかしポルトガルの「図書館旅行」はジョアニーナだけで終わらなかった。ポルトガル文学の巨匠であるジョゼ・サラマーゴの小説『修道院回想録』（一九九八年、而立書房、谷口伊兵衛、ジョバンニ・ピアッザ訳）の舞台となったマフラ国立宮殿の中にある華やかなロココ様式の図書館にもぜひ行ってみたかった。ここは、大理石の床と、両側の壁沿いに設置された二階建ての長い書架が優雅な美しさを誇る図書館で、宮殿の中では最も大きな空間だ。王の命令で十四世紀から十七世紀にかけて収集された四万冊にものぼる蔵書を保有する知識の宮殿だが、五〇〇年以上前の古書を比較的良好な状態で保存できているのは、なんと、図書館に棲みついた小さなコウモリたちのおかげだというから面白い。昼間は宮殿の庭や図書館に隠れているコウモリたちが、夜になると書架を飛び回りながら、古書をかじる虫を退治する重要な任務を遂行するらしい（ジョアニーナ図書館にもコウモリがいる）。ポルトガル図書館旅行の思い出は、一度聴いたら忘れられないファドの旋律のようにずっと心に残っている。

図書館を旅する理由や方法は人それぞれだろう。好奇心や知識の中身が人によって異なるよ

うに、図書館での体験も人によってさまざまだ。韓国のバラエティ番組「知っておいても役に立たない神秘的な雑学辞典――アルスルシンジャプ（알쓸신잡）」に作家のユ・シミンとキム・サンウク教授が図書館旅行をするエピソードがある。二人が行ったのはイタリアのフィレンツェの名所、ラウレンツィアーナ図書館だ。ミケランジェロが設計したことで有名なこの建物で、物理学者のキム・サンウク教授が量子力学の痕跡を発見した。ルクレーティウスが書いたエピクロスの原子論思想を盛り込んだ哲学詩『物の本質について』（一九六一年、岩波文庫、樋口勝彦訳）を閲覧するため閉架書庫に入った彼は、六〇〇年前の古い筆写本に直接触れる僥倖《ぎょうこう》にあずかったのだ。作家ユ・シミンはその場所で、ルネサンスの香りを感じとった。彼は暗い入り口から明るい閲覧室につながる構造を見て「暗闇から光明へ」と進むルネサンスのスピリットを感じたと話した。けれど私がラウレンツィアーナ図書館で感じたのは、そこまで神聖なものではなかった。ロビーは暗すぎて目が悪い人なら入り口の階段から落ちるかもしれない。ミケランジェロが考案したという書見台付きの机だって、台の傾きはまあよしとしても、机と椅子の間隔が狭すぎて使いにくそうだった。しかも椅子の背もたれは直角になっていて座面も浅く、まるで苦行に耐える修道士になったつもりで座る必要がありそうだった。現代を生きる司書から見ると、ラウレンツィアーナ図書館は改善すべき点があまりに多かった。

ときどきこうして司書の目線で図書館を眺めてみたりもする。マンハッタンの五番街にあるニューヨーク公共図書館を訪れたときも、容赦のない司書目線でくまなくチェックした（うわぁ、ロビーの床も壁も天井も、燭台まで全部大理石だ。本当に華やかだなあ。でもこんなに硬い床の上を長時間歩いたら、足底筋膜炎のリスクが高まりそうだ……）。事実、開館初年度に図書館は全職員に対してゴム底の靴を支給したそうだ。

辛辣な図書館批評家の目線で図書館を旅する司書たちもいる。フィンランドとスウェーデン出身の司書二人は、自分たちが旅行で訪ねた図書館について、さまざまな評価項目（図書館紹介情報、観光客用のガイドブック、図書館へのアクセス、建築物の評価、駐車場案内、図書館表示板、開館時間、バリアフリー情報、サービス、カフェ及びレストラン、照明、閲覧室、防音スペース、児童・青少年用スペース、蔵書構成等）を基準に星をつけて、「ヨーロッパ図書館ランキング」（Library Ranking Europe）というサイトでこれらの情報と評価点を公開している。

公共図書館は旅行者も気兼ねなく時間を過ごせる憩いの場だ。図書館カードもないのにいきなり入ってもいいの？　と思う人もいるかもしれない。はい、いいんです！　公共図書館は誰でも自由に出入りできる空間で、これは万国共通。館内のカフェや食堂も利用できるし、書架にある本を手にとって読んでもいい。音楽を鑑賞できる部屋があったら中に入って好きな音楽をしばらく聴いてもいいし、館内の常設展や特別展を観てまわってもかまわない。

逆に、図書館に行かなければ見られない風景がある。サンディエゴ中央図書館八階にある閲覧室からは、サンディエゴの街並みを一望できるし、マンハッタン・ビーチ図書館では海を見渡せる素敵な閲覧室で読書ができる。バンクーバー中央図書館の屋上庭園やワシントンDCにあるマーティン・ルーサー・キング・ジュニア記念図書館の野外庭園では、都市のスカイラインを鑑賞できる。世界的建築家のルートヴィヒ・ミース・ファン・デル・ローエが設計したこの図書館のロビーには、彼がデザインした「バルセロナの椅子」が置かれている。ワシントンDCを歩き回って疲れきった私は、その椅子に座ってしばらくぼうっとしながらエネルギーを充電したこともある。バンクーバーからシアトル空港へ行く途中、短時間だけのつもりで立ち寄ったレントン図書館では、周りの風景があまりにも美しすぎてつい長居してしまった。橋の上にこぢんまりと建てられたこの図書館は、水と木と空と人を静かに抱きしめてくれるような場所だった。そこに静かに座っていると、なんだか図書館が橋のように感じられた。過去と未来を、知識と創造を、私と誰かをつないでくれる、架け橋のような存在。

旅行先の図書館で私が必ずすることがある。そこの司書に質問をしてみるのだ。周辺のおいしいお店を尋ねたり、図書館や地域のイベントについて訊いたりして情報を得るのは楽しい。ウンベルト・エーコは『論文作法』（一九九一年、而立書房、谷口勇訳）で、図書館司書は自分の博識と記憶力、そして自分のいる図書館の素晴らしさを披露できるときに最も幸せを感じるといったことを述べているが、これは本当だ。私は司書だったので、情報を共有したいという司書の欲求がどれだけ強いかをよく知っている。私が頼む前に、自分が担当する閲覧室と地域の歴史記録物を保管した「シアトルルーム」をすすんで案内してくれたシアトル中央図書館の司書、透明な窓ガラスに衝突して死んだ鳥を見て、窓に白い模様を入れたと説明してくれたヘルシンキ中央図書館オーディの司書、図書館旅行をしているなら、ぜひここへも行ってみては、と新しい分館をすすめてくれたバンクーバー中央図書館の司書……。疲れた旅行者を温かく迎え、親切にしてくれる図書館司書に出会うたび、私は充実した情報を得ることができたし、気分まで明るくなったものだ。

バンクーバー中央図書館の司書がすすめてくれた分館は、ストラスコナ図書館ナッツァマットというところだった（「ナッツァマット」はバンクーバーの先住民マスキーム族の言葉で「私たちはひとつ」という意味だ）。低所得層のシングルマザーたちが住む集合住宅の一階にある小さな図書館だったが、児童・生徒たちのための施設や充実した放課後プログラムが印象に残っている。社会的弱者たちを見守ることができるような図書館をつくり、それを誇りに思う司書がいる。バンクーバーは私の中でそんな街として記憶に残っている。

初めて訪れる街の図書館の書架を眺めて歩くと、その土地の特色や傾向が蔵書にも反映されているのが垣間見える。ＩＴ企業が密集するシリコンバレーの図書館にはＳＦ小説が多く、黒人の多いワシントンＤＣの地域図書館では都市小説が人気だ。都市小説は現代都市の暗い側面をむき出しにする特徴があり、作家もアフリカ系アメリカ人の場合が多いからだろう。シアトル中央図書館五階のデスクには、利用者に貸し出した図書をリアルタイムで六つのスクリーンに映し出すアート作品がある。私が見ていたほんの少しの間に二度も画面に浮かんだ名前があった。『スノウ・クラッシュ』（二〇〇一年、ハヤカワ文庫、日暮雅通訳）を書いたニール・スティーヴンスンで、シアトル在住の作家だ。その土地の作家の作品を探すのも図書館旅行の楽しみのひとつだ。サンフランシスコやバンクーバーなどの進歩的な街の公共図書館には、よく目につくわかりやすい場所にLGBTQ関連の本が並んでいる。現役を引退した世代が多いフロリダ州の公共図書館ではオーディオブックが比較的たくさん置いてある。おそらく視力の低下で本を読みづらくなった高齢者のためだろう。最近あまり目にすることがなくなったオックスフォード英語大辞典全巻（一九七〇年版！）を所蔵している図書館もあった。そこの書架におじいさんの写真があったのでよく見てみると、一九八二年から二〇〇四年までの二二年間、毎日この図書館でボランティア活動をしていたブレイク・ブッシュ氏を称える言葉が記されていた。建物は古くても、地域の人たちとの思い出を大切にするとても美しい図書館だった。

北米やヨーロッパの図書館に行くと、韓国の本がないか探してみる。初めて訪れた街の図書館で母国語の本を読む時間は、故郷を懐かしむ移民の心を癒やしてくれる。シアトルのワシントン大学東アジア図書館とバンクーバー中央図書館の書架で、チャン・ジョンイルの『借りた

本、買った本、捨てた本（빌린 책、산 책、버린 책）』を見つけて気になってしまい、旅行から戻って電子書籍で購入して全部読んだこともある。旅行中に偶然出会ったこの本の中に、素敵な文章があった。「いわゆる昔ながらの読書家であれ、間接的にしか本の情報を得ない非読書家であれ、みんな自分の中に理想的な図書館を一館ずつ持っていて、そこにはまた、ひとりの理想的な司書が住んでいる」。これを読んで「老人がひとり亡くなることは、図書館がひとつ焼失するのと同じ」というアフリカのことわざを思い出した。その後私は、この本を紙の本でも購入した。なぜなら表紙がとてもきれいだったから！　図書館で借りて読んだけど手元に置いておきたくて結局本を買い、電子書籍で読んだあとに表紙が気に入って紙の本を買い、紙の本で読んでいるのにキーワード検索機能が必要になって電子書籍を買い、以前買った本なのにすっかり忘れてまた買って……本を買うべき理由はあまりに多いのだ！

軽いペーパーバックを持っていって旅行先の図書館の片隅で読み終えると、そのまま図書館に併設された中古書店に寄贈することもよくある。少しでも荷物を減らすため、と思っても結局また本を買ってしまってスーツケースはさらに重くなる。図書館内にあるギフトショップにも愛書家を誘惑するグッズが並んでいて、当然ながら私としてはそのまま通り過ぎるわけにはいかない。たまに本より重いグッズもある。でも、中古書店とギフトショップの収益が図書館を支えるために使われることを知っているから気持ちは軽い。

図書館旅行が意図せず建築見学旅行になることもある。ロサンゼルス中央図書館やボストン公共図書館など、いくつかの図書館では建物ツアーを実施している。有名な建築家が設計した図書館も意外と多い。モシェ・サフディが設計したバンクーバー中央図書館は、古代ローマのコロシアムを連想させ、レム・コールハースがデザインしたシアトル中央図書館には、多くの建築家たちがリサーチのために訪れる。世界で最も美しい図書館のひとつに選ばれたドイツのシュトゥットガルト市立図書館は、ドイツ在住の韓国人建築家、イ・ウンヨンが設計した。だからなのか、建物の外壁にハングルで「도서관（図書館）」の文字が刻まれている。他にも、建築家リチャード・ノイトラが息子のディオン・ノイトラと共同でハンティントンビーチ中央図書館を設計したという記事を読んで、実際に訪れたこともある。図書館内部に室内庭園と噴水を設置したのはおそらく彼らが初めてではないだろうか？ そのあとに建てられたカナダのトロント・レファレンス図書館の中にも庭と噴水がある。図書館で耳をすませる噴水の音がこんなに素敵だなんて、最高のＡＳＭＲだ。すべての図書館に噴水をつくろう！

図書館を意味する英単語「library」は、「本」を意味するラテン語の「liber」（リベル）からきているという。「リベル」は「自由な」（free）という意味の形容詞としても使われる。私が図書館を旅行する理由はこの「リベル」というひとことで説明できる。図書館は本があって自由に出入りできる場所だから。しかも無料（free）だ。ただし、ヨーロッパで観光名所になっている図書館では、観光客から入場料を受け取るところもある。

私は（お金になるわけでもないのに）ツイッター（現X）で一生懸命図書館旅行の話をしている。それを読んで、私がおすすめした図書館を実際に訪問する人も出てきた。そんなふうにもっとたくさんの人が図書館旅行を楽しんでくれればと思う。素晴らしい空間を経験した市民が多ければ多いほど、公共図書館はますますよくなるはずだから。みなさんが、旅行先や住んでいる街にある素敵な図書館に足を運んでくださることを心から願っている。

あなたの旅行計画に加えるべき図書館

図書館旅行のヒント

・行く前に必ず図書館のホームページで開館日や開館時間を確認すること。ヨーロッパでは図書館ごとに開館時間が異なるので要注意。
・図書館が実施する案内ツアーをチェックすること。
・図書館のインフォメーションデスクに置いてある案内パンフレットは必須！

ギリシャ

ハドリアヌスの図書館　Hadrian's Library

数少ない古代図書館の遺跡のひとつ。有料。

オランダ

ペトルス図書館　DePetrus Library

図書館のインフォメーションデスクが観光案内所になっている。地域住民と観光客の出会いの場を図書館が取り持とうとしているように感じるほど、外部の人たちにも開かれている。

ハドリアヌスの図書館

デルフト工科大学図書館　Delft University of Technology Library

独特の外観をもつ建築。地面から繋がっているような芝生の屋根の上で人々が読書する様子は、一度見たら忘れられない。

ロカル図書館　LocHal Library

一九三二年に機関車格納庫を改造して建てられた。金属的で冷たい印象の空間が、本と人間のぬくもりで満たされるのを感じることができる。

ブクベル公共図書館　De Boekenberg

「ブクベル」とは「本の山」を意味する。オランダの平均より識字率が低い地域に建てられたこの図書館の外壁はガラスで、夜に図書館内の灯りをつけると「本の山」が外からもよく見える。地域の住民たちに本に親しんでもらおうと願った建築家の気持ちが伝わってくる。

ノルウェー

ヴェネスラ図書館 Vennesla Bibliotek og Kulturhus

閲覧室内部は、木造の骨組みが天井から書架へと続き、そのまま利用者の座席に繋がる独特の構造をもつ。人々が集まり活動するのをサポートする最近の傾向と比べると、伝統的な図書館の役割に忠実な構造と言える。

オスロ公共図書館　Deichman Bjørvika

図書館がどのように進化するのかを鮮やかに見せてくれる。読書だけでなく、集会や工作、講演などのアクティビティを自由に行えるスペースがたっぷりある。

韓国

広津《クァンジン》情報図書館

韓国で初めて三度連続大統領賞に輝いた図書館。改装後二〇二一年に再オープンした。漢江《ハンガン》を見下ろせる閲覧室の窓辺に座って読書したい方におすすめ。

広津情報図書館

拝峰山《ペボンサン》森林図書館

拝峰山周縁の散策路に繋がっていて、利用者の散歩にまで気を遣ってくれる図書館。拝峰山の頂上にある展望台からソウルの風景を一望できる。

生命共感クンクン図書館

ソウル市麻浦《マポ》区にある国内初の動物専門図書館。動物愛護市民団体KARAが運営し、動物関連の専門書と児童書約六〇〇〇冊あまりを閲覧できる。KARAが製作した本や教育資料、教材なども利用できる。

西帰浦《ソグィポ》市楽器図書館

市内に住む人であれば、チェロ、バイオリン、ギター、ウクレレ、フルート、クラリネット、サクソフォン、トランペット、トロンボーン、キーボード、ドラムなど、いろんな楽器を借りることができる。

拝峰山森林図書館

瑞草《ソチョ》区立良才《ヤンジェ》図書館

他のどの先進図書館と比べても遜色のない素晴らしい施設が整っている。ウェブ会議専用スペース「ソチョデジタルブース」と、高齢者や障害者の専用スペースがある。

ソリウル図書館

京畿道《キョンギ》烏山《オサン》市にある楽器図書館。誰でも利用できる。楽器の展示スペース、体験館、貸出館、練習室、公演ホールなど、多様な施設を運営している。

瑞草区立良才図書館

ソンパセム楽器図書館

ソウル市松坡《ソンパ》区にあり、満一九歳未満の松坡区民または管内の学校に在学する児童生徒に楽器の貸出をする。一カ月単位で一人一回限り楽器一台を最長三カ月借りることができる。個人用音楽製作室、練習室、展示スペースなどの施設と、楽器教育プログラムを提供している。

恩平区《ウンピョン》　川を渡って森へ図書館

韓国の国民的詩人、尹東柱《ユンドンジュ》の「新しい道」という詩の一節から名付けられたこの図書館は、文学に特化した図書館だ。尹東柱の生涯と彼の作品を一覧できる常設展がある。

議政府《ウイジョンブ》美術図書館

韓国初の美術に特化した図書館で二〇一九年に開館した。シアトル中央図書館を思わせるような巨大なガラス窓と、一階から三階まで続く螺旋階段が印象的。

議政府《ウイジョンブ》音楽図書館

CD、LP、DVDなど約一万点の音盤と、ジャズやブルースなどのブラックミュージックコレクションを所蔵している。鑑賞スペース、ピアノ練習室、作曲・編集室などの施設を備えた音楽専門図書館。一階のオープンステージと三階のミュージックホールでは、ときどきコンサートが開

恩平区　川を渡って森へ図書館

議政府美術図書館

かれる。

全州《チョンジュ》図書館旅行

韓国で人口あたりの図書館数が最も多い都市、全羅北道《チュルラプク》の全州《チョンジュ》市は国内で初めて図書館ツアープログラムをスタートさせた。市庁舎のロビーを改装した本の柱図書館や森の中にある詩集図書館、ヒトツバタゴ絵本図書館、全州市立図書館、タガ旅行者図書館など複数ある図書館のうち、五つを見て回れるツアーを提供している。

議政府音楽図書館

全州図書館旅行

ドイツ

シュトゥットガルト市立図書館
Stuttgart City Library

韓国人建築家イ・ウンヨンによる設計。外壁にハングルで「도서관（図書館）」と刻まれている。建物の中央部にある五階から九階までの吹き抜けから館内を見渡すと、書架が無限に続いているような錯覚に陥る。

アンナ・アマーリア図書館
Duchess Anna Amalia Library

ユネスコ世界文化遺産に登録されている。かつてゲーテが館長を務めた図書館で、『ファウスト』の初版本やドイツ主要文学作品の稀覯本三万点以上を所蔵する。ロココホールの見学にはホームページから事前申し込みが必要。

シュトゥットガルト市立図書館の外観

シュトゥットガルト市立図書館の内観

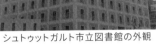

メキシコ

バスコンセロス図書館
Biblioteca Vasconcelos

映画「インターステラー」に出てくるような五次元の世界を彷彿とさせる近未来的な書架の構造が印象的な図書館。書架を守るように中央に浮かんだ巨大なクジラの骨格模型はそれ以上に印象的だ。

アメリカ

ニューヨーク公共図書館
New York Public Library

図書館の所蔵品だけで博物館がつくれるだろう。グーテン

ニューヨーク公共図書館の内観

ニューヨーク公共図書館の外観

ベルク聖書、トーマス・ジェファーソンが書いた独立宣言の初稿、ジョージ・ワシントン直筆の弔辞とビールのレシピ、ベートーベンとモーツァルトの自筆譜、トルーマン・カポーティの初稿とタバコケース、ポール・オースターの「ニューヨーク三部作」の原稿、ジャック・ケルアックの『路上』(一九八三年、河出文庫、福田実訳)の初稿、マヤ・アンジェロウの原稿、ブロンテ姉妹のメモ、エリザベス・ブラウニングのスリッパ、ヴァージニア・ウルフの日記帳と散歩用の杖(彼女が亡くなったウーズ川のそばで発見されたもの)、希少本や資料を扱う部署が一八四三年から二〇一〇年までのレストランメニューを収集した世界最大規模のアーカイブ、E・E・カミングスのタイプライターとデスマスク、シャーロット・ブロンテの髪、チャールズ・ディケンズがペットの猫の前脚でつくったレターオープナーなどがある。一階の常設展では「クマのプーさん」オリジナル人形と所蔵品の一部を観覧できる。予約必須。

モーガン図書館&博物館　The Morgan Library & Museum

ニューヨーク公共図書館から徒歩で約一〇分の場所にある。所蔵品の一部を公開展示しており、内容は三カ月ごとに変わる。世界に四九冊しかないグーテンベルクの四二行聖書を三冊も(完本は一冊)所蔵している。有料。

米国議会図書館　Library of Congress

議会図書館に立ち寄ったあとは、隣にあるフォルジャー・シェイクスピア図書館（Folger Shakespeare Library）に行ってみよう。世界最大規模のシェイクスピア作品および研究資料が揃っている。一六二三年に約七五〇部印刷されたと言われているシェイクスピア作品集、いわゆるファースト・フォリオ（first folio）で現存するものは世界に二三五部あるが、そのうちの八二部がここに所蔵されている。

ロサンゼルス中央図書館
Los Angeles Central Library

芸術、建築、庭園ツアーがある。それほど見るものが多い図書館だ。古い目録カードで装飾したエレベーターの壁が印象的。近くにある中古書店「ザ・ラスト・ブックストア」はロサンゼルスの名所で、本好きには有名。

米国議会図書館

ロサンゼルス中央図書館

ボストン・アセニウム　Boston Athenaeum

二〇〇七年に創立二〇〇周年を迎えた、アメリカで最も古い会員制図書館で、利用するには加入料金が必要。一八〇七年開館当時は上流階級のサロン的な役割を果たしており、彼らの寄付と寄贈で図書館を拡充した。訪問客に開かれてはいるが、公共図書館とはまた違った雰囲気。優雅なお茶会に招待されたような気分と同時に、いてはいけない場所に来てしまったような気分になるかもしれない。有料。

サンディエゴ中央図書館
San Diego Central Library

九階の稀覯本展示室には、世界で最も小さい本を含むミニチュアコレクションを所蔵している。八階の閲覧室からはサンディエゴの街並みを眺めることができる。

サンフランシスコ中央図書館
San Francisco Central Library

映画「シティ・オブ・エンジェル」の舞台となった場所。ア

サンディエゴ中央図書館

ナログとデジタルが共存する図書館だ。古い目録カードで装飾したアートウォールとLPコレクションがある音楽資料室は必見！

シアトル中央図書館
Seattle Central Library

建築家レム・コールハースが設計したことで有名なシアトルの名所で、建築家たちの巡礼地。英国のオンライン書店Worderyが選ぶ、世界で最もインスタ映えする図書館。

イェール大学バイネキ稀覯書図書館
Beinecke Rare book & Manuscript Library

人類の遺物とも言えるグーテンベルク聖書、エジプトのパピルス、チベットの筆写本など稀覯本を保管し展示もしている。私が見た中で最も美しい図書館のうちのひとつ。

サンフランシスコ中央図書館

シアトル中央図書館

ジョージ・ピーボディ図書館　George Peabody Library

天井に降り注ぐ日光で本が色褪せないかと心配になるが、自然光の下に置かれた書架が明るく輝く華やかな空間が魅力的。

ハンターズ・ポイント図書館　Hunters Point Library

マンハッタンの高層ビルの狭間にある六階建ての図書館は、まるで巨人に囲まれた子どものように見えて可愛らしい。中からマンハッタンの眺望が楽しめるのが白眉とはいえ、図書館はただの展望台ではないことを忘れないようにしよう。

スウェーデン

ストックホルム市立図書館　Stockholm Public Library

三六〇度ぐるりと囲まれた円形の書架を散策がてら歩いてみては。静かな利用者と忙しそうな訪問客のエネルギーが交錯する目には見えない騒がしさもまた楽しく感じられるはず。

スイス

ザンクト・ガレン修道院図書館　St. Gallen Abbey Library

世界で最も古い図書館のうちのひとつで、一七五八年から一七六七年の間に建てられたロココ様式の図書館。一九八三年には図書館のある修道院地区全体がユネスコ世界文化遺産に登録された。ウンベルト・エーコがここでインスピレーションを得て小説『薔薇の名前』が生まれた。有料。

スコットランド

スコットランド国立図書館　National Library of Scotland

図書館のロビーには無名のアーティストが寄贈した本の彫刻（book sculpture）が展示されている。

スペイン

エル・エスコリアル修道院図書館　Library of El Escorial Monastery

エル・エスコリアルはスペインの小さな街だが、修道院の規模は圧倒的で見事な庭園もある。死ぬまでに行くべき世界の美しい図書館として挙げられることが多い。有料。

アイルランド

トリニティ・カレッジ図書館
The Library of Trinity College Dublin

中世の代表的な彩色筆写本『ケルズの書』(Book of Kells)を所蔵するこの図書館は、本好きな旅行者の聖地でもある。ヒラリー・クリントン、ジミー・カーター、ジョー・バイデン、ジュリア・ロバーツ、アル・パチーノ、メル・ギブ

トリニティ・カレッジ図書館

ソン、ブルース・スプリングスティーンなど、有名人たちも、世界一美しい福音書と称えられる『ケルズの書』を見るためにここを訪れた。2Dアニメーション映画『ブレンダンとケルズの秘密』のラストシーンでは、この本の最も有名なページであるキリストのモノグラムの挿画が幻想的な映像で表現されている。有料。

イングランド

ボドリアン図書館　Bodleian Old Library

十五世紀に設立された英国最古の図書館で、国内では大英図書館に次いで二番目の規模を誇る。映画「ハリー・ポッター」の舞台として有名。

大英図書館　The British Library

サー・ジョン・リトブラット・ギャラリーには、グーテンベルク聖書、シェイクスピアのファースト・フォリオ、ベーオウルフ叙事詩の古写本、アングロサクソン年代記、マグナ・カルタの手稿、ベートーベン、ヘンデル、ショパンの自筆譜、モーツァルトの音楽日記、エイダ・ラブレスの手紙、レオナルド・ダ・ヴィンチのノート、ルイス・キャロルの直筆原稿、ビートルズのメンバーのノートなどの所蔵品が展示されている。館内中央につくられた五階建てのガラス塔の中にある書架(King's Library)には、ジョージ三世の蔵書が保管されている。

オーストリア

オーストリア国立図書館
State Hall of the Austrian National Library

神聖ローマ皇帝カール六世の命によって建設された十八世紀バロック様式の図書館。世界で最も美しい図書館のうちのひとつに選ばれている。ポルトガルの国王ジョアン五世がこの図書館を見て、マフラ国立宮殿やコインブラ大学の

大英図書館

オーストリア国立図書館

図書館をつくったと伝えられている。有料。

イタリア

ラウレンツィアーナ図書館
Biblioteca Medicea Laurenziana

ミケランジェロが設計したルネサンス時代の図書館で、フィレンツェの代表的な観光スポットになっている。この図書館の歴史と空間について詳しく知りたい人は、アルベルト・マングェルの『図書館　愛書家の楽園』を読むことをおすすめする。有料。

ラウレンツィアーナ図書館

フランス

ポンピドゥー・センター図書館　BPI Centre Pompidou

パリを旅する人たちの安息所。フランス大統領だったジョルジュ・ポンピドゥーの名をとって命名された図書館で、美術館、講演ホール、映画館、カフェなどを備えたパリの複合文化空間。

ポルトガル

マフラ国立宮殿図書館　Mafra National Palace Library

リスボン旅行に行くなら北西約二八キロメートル先にあるマフラへぜひ。バロック建築様式の巨大なマフラ国立宮殿と（世界でもっとも美しい図書館のうちのひとつである）宮殿図書館を見るだけでも価値がある。有料。

コインブラ大学ジョアニーナ図書館
Biblioteca Joanina

私が見た大学図書館の中で最も美しいと思う三カ所は、ダブリンにあるトリニティ・カレッジ図書館、イェール大バイネキ稀覯書図書館、そしてここだ。地下二階に本を盗んだ学生を閉じ込めた学生牢がある。有料。

フィンランド

ヘルシンキ中央図書館オーディ
Helsinki Central Library Oodi

国際図書館連盟が選定した二〇一九年世界最高の公共図書館。私の住む街にもこんな図書館があったならと思わずにいられない。バルコニーからヘルシンキ市内を展望できるおまけつき。

コインブラ大学ジョアニーナ図書館

ヘルシンキ中央図書館オーディ

カナダ

バンクーバー中央図書館　Vancouver Central Library

楽器の貸出サービスとメディアラボ施設が素晴らしい。図書館の屋上庭園ではバンクーバー市内を一望できる。

トロント・レファレンス図書館 Tronto Reference Library

シャーロック・ホームズ協会（The Bootmakers）のメンバーがパトロンとなってつくられたアーサー・コナン・ドイル・コレクションがある。ベーカー街二二一Bにあったシャーロック・ホームズの下宿の書斎を再現したビクトリア調の空間に、一万冊を超える図書とキャラクター収集品、一万点以上の直筆原稿と家族写真、『バスカヴィル家の犬』翻訳本初版などを所蔵、展示している。

トロント・レファレンス図書館

トルコ

ケルスス図書館　Library of Celsus

現存する古代ローマ図書館の遺跡のうち原形が最もよく保存されている。

図書館旅行サイト

ライブラリー・プラネット　Library Planet

デンマークの司書たちが運営する図書館旅行情報サイト。誰でも図書館の情報をアップロードできるクラウド型プラットフォーム。

グーグル・アーツ・アンド・カルチャー　Google Arts & Culture

世界中の図書館三〇〇カ所以上の所蔵品を見ることができるサイト。

あとがき

減るどころか増える一方の私のバケットリストには、世界各地の図書館の名前がずらりと並んでいる。その中にはもちろん韓国の図書館もある。二〇二一年一〇月、新型コロナウイルス感染症の勢いが少し収まった隙を狙って韓国に帰った。精力的に動きまわったおかげで、川を渡って森へ図書館、鍾路《チョンノ》区の清雲《チョンウン》文学図書館、瑞草《ソチョ》区立良才《ヤンジェ》図書館、瑞草《ソチョ》青少年図書館、西大門《ソデムン》区立イ・ジナ記念図書館、拝峰山《ペボンサン》森林図書館、三清《サムチョン》公園森の中図書館、ウリソリ国楽図書館、広津《クァンジン》情報図書館、議政府《ウィジョンブ》音楽図書館、議政府《ウィジョンブ》美術図書館、衿川《クムチョン》区立禿山《トクサン》図書館、そして全州《チョンジュ》にある図書館三カ所を訪ねることができた。

城北《ソンブッ》区で初の青少年特化図書館であり、一〇館目の城北区立図書館である「月谷《ウォルゴク》クムグリム図書館」は、数年前にYouTubeで建築家のキム・ジョンハン氏が紹介していた映像を見て以来気になっていたところだ。クムグリム（夢を描く）という名前どおり、実物も素敵なところだろうか？　期待を胸に訪れてみると私が想像したとおりの図書館だった。建物の外壁には「図書館と共に描く夢は現実になります。だれでも利用できる公共図書館です」というフレーズが、素朴な書体で淡々と書かれていた。私が学校と現場で習った図書館の哲学を建物に刻むこの場所が一目で気に入った。一〇〇坪余りの小さな図書館だけど、キャスター付き書架、講演やコンサート会場にも使える閲覧スペース、舞台用の照明、フォールディングドアなど、この先いくらでも変身できそうな可能性が見えた。まるで自分の頭の中で描いた図書館の設計図がそのまま実現したような気がして、私はあちこちチェックしてみた。思い出の詰まった本を誰かが寄贈して、もしそれが売れた場合、収益金を図書館に寄付できるよう開放された共有書架があるのも印象的だった。何よりもデューイ十進分類法の堅苦しい分類表示の代わりに、個性豊かでウィットに富んだ名前を書架につけていたことには、思わず心の中で星五つを送った。〇〇〇番台の「総記」は「よろず屋」になっていたし、一〇〇番台の「哲学」は「君自身を知れ」と書かれていた。そして二人の子を持つ母親として私がとても共感した分類表示は「よい親(子育てするのもひと苦労!)」。読書会や勉強会などの目的で誰でも利用できる小さなセミナー室の名前は「へバン」(英語ではDo room)。「へ」は韓国語でやってみる、「バン」は部屋という意味だが、「解放(へバン)」の同音異義語にもなっている。何でもやってみれば解放感を得られるという意味だろうか? 間違っているかもしれないけれど、青少年に特化した図書館にはぴったりの名前だと思う。

公共図書館のデザインにおいて、看板と案内表示は重要な要素だ。けれど韓国ではやたらと英語を使う図書館が多くてちょっと驚いた。江南《カンナム》地区の図書館は特にそうだった。英語の並記をやめられないなら、ハングルをもっと大きく見えるようにしてほしい。視力が弱い人や私のように老眼が進んだ利用者にとって、小さな字は見えづらくてとても不便だ。電子書籍の文字サイズを拡大するのにプラス記号ボタンを何回押せばいいのかもわからない。高齢者がオーディオブックや電子書籍を好む理由が、年を取ってやっと理解できるようになった。だからだろうか？　衿川《クムチョン》区立禿山《トクサン》図書館に行ったとき、大きな文字で書かれた本や雑誌、新聞、認知症関連冊子など、主に高齢の利用者やその家族が求める資料を一カ所に集めたお年寄りに優しいスペースを見てとても嬉しくなった。

また、韓国でも障害者に優しい図書館がかなり増えたことは嬉しい驚きだった。とはいっても、車椅子ユーザーが利用するには、ほとんどの書架が高すぎて通路の間隔も狭いのが多少残念だったけれど。韓国だけでなく、多くの国の公共図書館においても改善すべき問題だと思う。大学時代、課題のために友人と点字図書館を訪ねてリサーチしたことがあるが、あまりに劣悪な施設を見てショックを受けたことがある。韓国を代表する点字図書館とよばれていたその場所は、ある宗教家が慈善活動で運営する小さな事務所だった。担当者がパンフレットを配りながら私たちに話してくれた言葉を未来の司書たちにお伝えしたい。「学生のみなさん、将来司書になったら、障害者へのサービスに関心を持ってください」期待していたほどの改善はまだみられないけれど、多少なりとも変化した様子に大きな希望を感じている。

韓国にもまだ行ったことのない図書館が多い。図書館が地域住民のものであることをわかりやすく見せてくれる亀山《クサン》洞図書館村、韓国初の書架点検ロボットを導入した麗水《ヨス》李舜臣《イスンシン》図書館、図書館から見える海辺の眺めが最高という噂の釜山の国立海洋博物館・海洋図書館、地域の人々がみんな一緒に利用する閲覧室があり、内部全体がスロープで繋がったバリアフリー建築として知られる蔚山《ウルサン》梅谷図書館、韓国初の動物専門図書館であるクンクン図書館、朝鮮王朝最後の国王、高宗の書斎だった景福宮の集玉斎、ソウル市建築賞で大賞を受賞した蘆原《ノウォン》区のハンネ知恵の森、読書ヒーリング空間と言われる陽川《ヤンチョン》公園本の広場と鷹峰《ウンボン》公園本の広場、ソウル市女性家族財団が運営する性平等図書館、韓国初の楽器体験図書館であるソリウル図書館、そしてツイッター（現X）でおすすめいただいた龍仁《ヨンイン》水枝《スジ》区のヌティナム（ケヤキ）図書館（館内で使う言語からサービス、運営に至るまで図書館と館長の哲学が感じられる図書館だとして、ある司書の方がすすめてくださった場所）などなど。韓国にもさまざまな特色のある図書館がこんなにあるとは思わなかった。それから、遠いけれどぜひ行ってみたい図書館もある。順天《スンチョン》にある奇跡の図書館で、建築専門記者だった故ク・ボンジュン氏の著書『ク・ボンジュンの心を抱く家（구본준의 마음을 품은 집）』を読んで興味を持ったところだ。著者は図書館を設計した故チョン・ギヨン氏が「本に対する礼儀を教える無言の教育装置」として、図書館の入口

に洗面台を設置したと述べている。本を読む前に手を洗うことで、大勢の人が読む本の寿命を延ばそうとしたものだという。鉄鋼王カーネギーの寄付で建てられたペンシルベニア州のブラドック・カーネギー図書館は、一八八八年の開館当時、建物の地下にシャワー室があった。図書館を主に利用するカーネギーの鉄鋼工場労働者たちも、仕事を終えて図書館に入る前には本に対して敬意を払ったのだろう。

いつかオンドルの床に座る閲覧室のように韓国の温かい図書館の話を本につづってみたいと考えている。この本を読み終えた読者のみなさんが、図書館に温もりを与える存在になってくださることを、図書館で人生を「読み」、人生から図書館を「読む」旅行者になってくださることを心から願っている。

図書館旅行者の書斎

司書が書いた本

- 강민선（カン・ミンソン）『도서관의 말들（図書館の言葉）』ユユ、二〇一九年、未訳
- ミシェル・ヌードセン（作）、ケビン・ホークス（絵）『としょかんライオン』二〇〇七年、岩崎書店、福本友美子訳
- エリザベス・マクラッケン『ジャイアンツ・ハウス』一九九九年、新潮社、鴻巣友季子訳
- 이효경（イ・ヒョギョン）『워싱턴대학의 한국 책들（ワシントン大学所蔵の韓国の本）』ユユ、二〇二一年、未訳
- Carla Morris, Brad Sneed (Illustration), *The Boy Who Was Raised By Librarians*（司書に育てられた少年）, Peachtree, 2007, 未訳

司書の仕事

- 青山美智子『お探し物は図書室まで』二〇二〇年、ポプラ社
- 강민선（カン・ミンソン）『아무도 알려주지 않은 도서관 사서 실무（誰も教えてくれなかった図書館司書の実務）』臨時製本所、二〇一八年、未訳
- キム・ジュンヒョク『ゾンビたち』二〇一七年、論創社、小西直子訳
- 김지우（キム・ジウ）『도서관으로 가출한 사서（図書館に家出した司書）』サンジニ、二〇二二年、未訳
- New York Public Library, Barry Blitt (Illustration), *Peculiar Questions and Practical Answers: A Little Book of Whimsy and Wisdom from the Files of the New York Public Library*（ニューヨーク公共図書館に寄せられたおかしな質問）, Griffin, 2019, 未訳
- 대치도서관 사서들（テチ図書館の司書たち）『도서관 별책부록：우리는 도서관에 산다（図書館別冊付録：私たちは図書館に住んでいる）』リスコム、二〇二一年、未訳
- ロアルド・ダール、クエンティン・ブレイク（絵）『マチルダは小さな大天才』二〇〇五年、評論社、宮下嶺夫訳
- 村上春樹『海辺のカフカ』二〇〇五年、新潮文庫
- 박영숙（パク・ヨンスク）『꿈꿀 권리（夢見る権利）』アルマ、二〇一四年、未訳

- 백승남、어유선（ペク・スンナム、オ・ユソン）『우리 도서관의 선구자 박봉석（我が図書館の先駆者パク・ボンソク）』マウムイウム、二〇二二年、未訳
- ベティ・スミス『ブルックリン横丁』一九五七年、秋元書房、飯島淳秀訳
- スコット・ダグラス『どうか、お静かに 公立図書館ウラ話』二〇一二年、文芸社、宮澤由江訳
- アニカ・アルダムイ・デニス（著）、パオラ・エスコバル（イラスト）『お話の種を蒔いて』（二〇一九年、汐文社、星野由美訳）
- アヴィ・スタインバーグ『刑務所図書館の人びと――ハーバードを出て司書になった男の日記』二〇一一年、柏書房、金原瑞人、野沢佳織訳
- アルフレッド・ゴメス＝セルダ『雨あがりのメデジン』二〇一一年、鈴木出版、宇野和美訳
- 양지윤（ヤン・ジユン）『사서의 일（司書の仕事）』チェックァイウム、二〇二一年、未訳
- Eoin Colfer, *The Legend of Spud Murphy*（スパッド・マーフィーの伝説）, Puffin, 2004, 未訳
- Umberto Eco, *Il Secondo Diario Minimo*（文体練習２）, Bompiani, 1994, 未訳
- 이덕주 외（イ・ドクチュ他）『사서가 말하는 사서（司書が語る司書）』ブッキー、二〇一二年、未訳
- 이효경（イ・ヒョギョン）『책들의 행진（本たちの行進）』韓国図書館協会、二〇一四年、未訳
- Josh Hanagarne, *The World's Strongest Librarian : A Memoir of Tourette's, Faith, Strength, and the Power of Family*（世界最強の司書）, Avery, 2013, 未訳
- Geneviève Patte, *Mais qu'est-ce qui les fait lire comme ça?*（子どもたちを読書に向かわせるのは何か）, Les Arènes, 2015, 未訳

• Gina Sheridan, *I Work At A Public Library*（公共図書館で働いています）: *A Collection of Crazy Stories from the Stacks*, Adams Media, 2014, 未訳

• Kathy Peiss, *Information Hunters*（情報ハンター）: *When Librarians, Soldiers, and Spies Banded Together in World War II Europe*, Oxford University Press, 2020, 未訳

• Marie Benedict, Victoria Christopher Murray, *The Personal Librarian*（個人的な司書）, Berkley, 2021, 未訳

• Sharlee Glenn, *Library on Wheels*（世界初の移動図書館）: *Mary Lemist Titcomb and America's First Bookmobile*, Abrams Books for Young Readers, 2018, 未訳

• William Ottens, *Librarian Tales*（司書の物語）: *Funny, Strange, and Inspiring Dispatches from the Stacks*, Skyhorse, 2020, 未訳

• Roberto Orazi 監督 , *A Mão e a Luva: The Story of a Book Trafficker*（書籍密売人の物語）, 2010,（ドキュメンタリーフィルム）

• Dawn Wacek, *A librarian's case against overdue book fines*（延滞本の罰金に対する図書館員の主張）, 2018（TED）

危険にさらされる図書館

• デルフィーヌ・ミヌーイ『シリアの秘密図書館：瓦礫から取り出した本で図書館を作った人々』二〇一八年、東京創元社、藤田真利子訳

- リチャード・オヴェンデン『攻撃される知識の歴史』二〇二二年、柏書房、五十嵐加奈子訳
- マーク・アラン・スタマティー『3万冊の本を救ったアリーヤさんの大作戦』二〇一二年、国書刊行会、徳永里砂訳
- アントニオ・G・イトゥルベ『アウシュヴィッツの図書係』二〇一六年、集英社、小原京子訳
- アラン・グラッツ『貸出禁止の本をすくえ!』二〇一九年、ほるぷ出版、ないとうふみこ訳
- ジャネット・スケスリン・チャールズ『あの図書館の彼女たち』二〇二二年、東京創元社、髙山祥子訳
- 조은진（チョ・ウンジン）『붕붕 도서관을 지켜 주세요（ブンブン図書館を守ってください）』ピョルスプ、二〇一九年、未訳
- Freya Sampson, *The Last Chance Library*（図書館、最後のチャンス）, Berkley, 2021, 未訳
- ローランド・エメリッヒ監督「デイ・アフター・トゥモロー（The Day After Tomorrow）」二〇〇四年、（映画）

図書館の動物物語

- 곽영미、박선희 그림（クァク・ヨンミ、パク・ソンヒ絵）『도서관에서 만난 해리（図書館で出会ったハリー）』スムスィヌンチェッコンジャン、二〇一六年、未訳
- 김현욱 외（キム・ヒョンウク他）『도서관 길고양이（図書館の野良猫）』プルンチェットゥル、二〇一

五年、未訳
- リサ・パップ『わたしのそばできいていて』二〇一六年、WAVE出版、菊田まりこ訳
- ブライアン・リーズ（作・絵）『コウモリとしょかんへいく』二〇一一年、徳間書店、西郷容子訳
- ヴィッキー・マイロン『図書館ねこデューイ』二〇一二年、アスキー・メディアワークス、岡田好惠訳
- Alex Howard, *Library Cat*（図書館のねこ）, Black and White Publishing, 2016, 未訳
- 최지혜、김소라 그림（チェ・ジヘ、キム・ソラ絵）『도서관 고양이（図書館のねこ）』ハンウリムオリニ、二〇二〇年、未訳
- Linda Bartash-Dawley, *Library Cats*（図書館のねこ）: *The History of Cats in Libraries*, CreateSpace Independent Publishing Platform, 2017, 未訳

美しい本の空間

- 김언호（キム・オンホ）『세계 서점 기행（世界書店紀行）』ハンギル社、二〇一六年、未訳
- Umbert Eco, *Libraries: Candida Höfer*（カンディダ・ヘーファーによる図書館写真集）, Prestel Pub, 2019, 未訳
- アレックス・ジョンソン『世界のかわいい本の街』二〇一八年、エクスナレッジ、井上舞訳
- Marianne Julia Strauss(ed.), *Temple of Books*（本の神殿）: *Magnificent Libraries Around the World*, gestalten, 2022,

未訳

- ビャーネ・ハマー『世界の図書館』二〇一六年、ほるぷ出版、日本映像翻訳アカデミー翻訳協力
- Coimbra University, *Portugal's Oldest And Most Prestigious*（ポルトガル最古で最高の大学図書館）, Rick Steves Classroom Europe, 2018 (YouTube)
- *Hidden Details of the New York Public Library, Architectural Digest*（ニューヨーク公共図書館の建築）, 2018 (YouTube)
- Inside the Bodleian: Building a 21st Century Library, University of Oxford（二十一世紀の図書館をつくるボドリアン・オックスフォード大学図書館）, 2013 (YouTube)

写真家のレンズを通して見た図書館

- ラインハルト・ゲルナー（Reinhard Görner）, reinhardgoerner.de
- ロバート・ドーソン（Robert Dawson）, robertdawson.com
- マッシモ・リストリ（Massimo Listri）, massimolistri.com
- ティボー・ポワリエ（Thibaud Poirier）, thibaudpoirier.com
- トーマス・ギニャール（Thomas Guignard）, thomasguignard. photo
- フランク・ボーボ（Franck Bohbot）, franckbohbot.com

図書館の進化

- 고인철 외（コ・インチョル他）『위대한 도서관 사상가들（偉大な図書館思想家たち）』図書出版ハヌル、二〇二〇年、未訳
- 고혜련 외（コ・ヘリョン他）『도서관으로 문명을 읽다（図書館から文明を読む）』ハンギル社、二〇一六年、未訳
- 곽철완（クァク・チョルワン）『도서관의 역사（図書館の歴史）』チョウングルト、二〇一二年、未訳
- ライオネル・カッソン『図書館の誕生』二〇〇七年、刀水書房、新海邦治訳
- マシュー・バトルズ『図書館の興亡』二〇一一年、草思社文庫、白須英子訳
- 송승섭（ソン・スンソプ）『문명의 뇌, 서양 도서관의 역사（文明の脳、西洋の図書館の歴史）』チョウングルト、二〇一九年、未訳
- 송승섭（ソン・スンソプ）『한국 도서관사（韓国図書館史）』韓国図書館協会、二〇一九年、未訳
- スチュアート・ケルズ『図書館巡礼：「限りなき知の館」への招待』二〇一九年、早川書房、小松佳代子訳
- 윤희윤（ユン・ヒユン）『도서관 지식문화사（図書館知識文化史）』東アジア、二〇一九年、未訳
- 윤희윤（ユン・ヒユン）『한국 공공도서관을 말한다（韓国公共図書館を語る）』テイル社、二〇二〇年、未訳

- 이용재（イ・ヨンジェ）『도서관인물 평전（図書館人物評伝）』サンジニ、二〇一三年、未訳
- 〈図書館のちょっとした歴史〉シリーズ、『オーマイニュース』、http://omn.kr/1puvs
- Kenneth J. Varnum, *Beyond Reality*（これからの図書館を考える）: *Augmented, Virtual, and Mixed Reality in the Library*, ALA Editions, 2019, 未訳
- Alex Wright, *Cataloging the World*（世界を分類する）: *Paul Otlet and the Birth of the Information Age*, Oxford University Press, 2014, 未訳
- Jason König, Katerina Oikonomopoulou, and Greg Woolf (ed.), *Ancient Libraries*（古代の図書館）, Cambridge University Press, 2013, 未訳
- ウェイン・A・ウィーガンド『手に負えない改革者——メルヴィル・デューイの生涯』二〇〇四年、京都大学図書館情報学研究会、川崎良孝、村上加代子訳

図書館という空間

- 강예린、이치훈（カン・イェリン、イ・チフン）『도서관 산책자（図書館を散策する人）』バンビ、二〇一二年、未訳
- 구본준（ク・ボンジュン）『구본준의 마음을 품은 집（ク・ボンジュンの心を抱く家）』ソヘムンチプ、二〇一三年、未訳
- 松家仁之『火山のふもとで』二〇一二年、新潮社

・신승수 외（シン・スンス他）『슈퍼 라이브러리（スーパーライブラリー）』サラメムニ、二〇一四年、未訳
・Anna-Sophie Springer and Etienne Turpin (ed.), *Fantasies of the Library*（図書館の幻想）, The MIT Press, 2018, 未訳
・David Andreu, *Libraries Architecture*（図書館建築）, Loft Publications, 2021, 未訳
・Steffen Lehmann, *Reimagine the Library of the Future*（図書館の未来を再考する）: *Public Buildings and Civic Space for Tomorrow's Knowledge Society*, ORO Editions, 2022, 未訳
・Nolan Lushington, Wolfgang Rudorf, and Liliane Wong, *Libraries: A Design Manual*（図書館設計）, Birkhäuser, 2016, 未訳
・Tomas Koolhaas 監督、REM（レム）, 2016,（ドキュメンタリーフィルム）
・Joshua Prince-Ramus: Designing the Seattle Central Library（シアトル中央図書館を設計する）, 2007 (TED)

想像の図書館

・キム・チョヨプ『わたしたちが光の速さで進めないなら』二〇二〇年、早川書房、カン・バンファ、ユン・ジヨン訳
・ニール・スティーヴンスン『スノウ・クラッシュ』二〇〇一年、ハヤカワ文庫、日暮雅通訳
・マット・ヘイグ『ミッドナイト・ライブラリー』二〇二二年、ハーパーコリンズ・ジャパン、浅倉卓

弥訳

- ソフィ＝シュイム『風のカフナ』原作、泉光（絵）『図書館の大魔術師』シリーズ、二〇一八〜二〇二三年、講談社
- Audrey Niffenegger, *The Night Bookmobile*（夜の移動図書館）, Jonathan Cape, 2010, 未訳
- ウンベルト・エーコ『薔薇の名前』一九九〇年、東京創元社、河島英昭訳
- 임성관（イム・ソングァン）『상상 도서관（想像の図書館）』シガネムルレ、二〇二〇年、未訳
- カルロス・ルイス・サフォン『風の影』二〇〇六年、集英社、木村裕美訳
- クリス・グラベンスタイン『図書館脱出ゲーム』二〇一六年、ＫＡＤＯＫＡＷＡ、高橋結花訳

世界は広く、図書館は多い

- Robert Dawson, *The Public Library*（公共図書館）: *A Photographic Essay*, Princeton Architectural Press, 2014, 未訳
- 백창화、김병록（ペク・チャンファ、キム・ビョンロク）『유럽의 아날로그 책공간（ヨーロッパのアナログ本空間）』イヤギナム、二〇一一年、未訳
- 신경미（シン・ギョンミ）『그 도서관은 감동이었어（あの図書館は感動的だった）』カモミールブックス、二〇二一年、未訳
- 유종필（ユ・ジョンピル）『세계 도서관 기행（世界図書館紀行）』ウンジン知識ハウス、二〇一八年、未訳

- 임윤희（イム・ユンヒ）『도서관 여행하는 법（図書館を旅する方法）』ユユ、二〇一九年、未訳
- 조금주（チョ・グムジュ）『내 마음을 설레게 한 세상의 도서관들（私の心をときめかせた世界の図書館）』ナムヨンピル、二〇二〇年、未訳
- 조금주（チョ・グムジュ）『우리가 몰랐던 세상의 도서관들（私たちが知らなかった世界の図書館）』ナムヨンビル、二〇一七年、未訳
- 전국학교도서관담당교사 서울모임（全国学校図書館担当教師ソウル会）『유럽 도서관에서 길을 묻다（ヨーロッパの図書館で道を尋ねる）』ウリ教育、二〇〇九年、未訳
- 전국학교도서관담당교사 서울모임（全国学校図書館担当教師ソウル会）『아름다운 삶、아름다운 도서관（美しい暮らし、美しい図書館）』ウリ教育、二〇一五年、未訳
- ジェームズ・W・P・キャンベル、ウィル・プライス（写真）、桂英史（監修）『美しい知の遺産世界の図書館』二〇一四年、河出書房新社
- 최정태（チェ・ジョンテ）『내 마음의 도서관 비블리오테카（私の心の図書館ビブリオテカ）』ハンギル社、二〇二一年、未訳
- 최정태（チェ・ジョンテ）『지상의 아름다운 도서관（地上の美しい図書館）』ハンギル社、二〇〇六年、未訳
- 최정태（チェ・ジョンテ）『지상의 위대한 도서관（地上の偉大な図書館）』ハンギル社、二〇一一年、未訳

本の世界

- Sophie Cassagnes-Brouquet, *La passion du livre au Moyen âge*（中世の図書への情熱）, Ouest-France, 2003, 未訳
- マイケル・コリンズ他『世界を変えた本』二〇一八年、エクスナレッジ、藤村奈緒美訳
- Amaranth Borsuk, *The Book*（本）, The MIT Press, 2018, 未訳
- 이광주（イ・グァンジュ）『아름다운 책 이야기（美しい本の物語）』ハンギル社、二〇一四年、未訳
- Keith Houston, *The Book*（本）, W.W.Norton & Co Inc, 2016, 未訳
- ヘンリー・ペトロスキー『本棚の歴史』二〇〇四年、白水社、池田栄一訳

より良い世界のために

- 김성우、엄기호（キム・ソンウ、オム・ギホ）『유튜브는 책을 집어삼킬 것인가（YouTubeは本を飲み込んでしまうのか）』タビ、二〇二〇年、未訳
- ダレン・マクガーヴェイ『ポバティー・サファリ』二〇一九年、集英社、山田文訳
- マイケル・サンデル『実力も運のうち 能力主義は正義か？』二〇二一年、早川書房、鬼澤忍訳
- モリー・グプティル・マニング『戦地の図書館』二〇二〇年、創元ライブラリ、松尾恭子訳
- Safiya Umoja Noble, *Algorithms of Oppression*（抑圧のアルゴリズム）, NYU Press, 2018、未訳

- 송온경（ソン・オンギョン）『도서관의 힘과 독서교육（図書館の力と読書教育）』韓国図書館協会、二〇二一年、未訳
- 신남희（シン・ナムヒ）『다 함께 행복한 공공도서관（みんなが幸せになる公共図書館）』ハンティジエ、二〇二二年、未訳
- エリック・クリネンバーグ『集まる場所が必要だ』二〇二一年、英治出版、藤原朝子訳
- 운송현（ユン・ソンヒョン）『모든 것은 도서관에서 시작되었다（すべては図書館から始まった）』
- ㈱学校図書館ジャーナル、二〇二二年、未訳
- 유승하（ユ・スンハ）『날마다 도서관을 상상해（日々図書館を想像して）』チャンビ、二〇一九年、未訳
- 이봉순（イ・ボンスン）『도서관 할머니 이야기（図書館おばあさんの話）』梨花女子大学出版部、二〇〇一年、未訳
- カール・セーガン『コスモス』一九八四年、朝日新聞社、木村繁訳
- 한국도서관협회 지식정보격차해소위원회（韓国図書館協会 知識情報格差解消委員会）『모두를 위한 도서관（みんなのための図書館）』韓国図書館協会、二〇一九年、未訳
- 현진권（ヒョン・ジングォン）『도서관 민주주의（図書館民主主義）』サルリム、二〇二一年、未訳
- Emilio Estevez 監督、The Public（パブリック 図書館の奇跡）、二〇一八（映画）
- TEENtastic Tuesdays: AAPI Heritage Month Kick-off with The Linda Lindas（アジア・ラテン系アメリカ人ティーンバンド、リンダリンダズのミニコンサート）, LA Public Library, 2021 (YouTube)

記録の歴史

- Arlette Farge, *Le goût de l'archive*（アーカイブの味わい）, Seuil; Points, 1997, 未訳
- Randall C. Jimerson, *Archives Power*（記録の力）, Society of Amer Archivists, 2009, 未訳

愛書家と蔵書家の必読書

- 夏川草介『本を守ろうとする猫の話』二〇一七年、小学館
- 김겨울（キム・ギョウル）『책의 말들（本の言葉）』ユユ、二〇二一年、未訳
- 김윤관（キム・ユングァン）『아무튼, 서재（とにかく、書斎）』チェチョルソ、二〇一七年、未訳
- 금정연（クム・ジョンヨン）『서서비행（書書飛行）』マティ、二〇一二年、未訳
- マーティン・プフナー『物語創世』二〇一九年、早川書房、塩原通緒、田沢恭子訳
- シャルル・ノディエ他、임경용（イム・ギョンヨン編）『애서 잔혹 이야기（愛書残酷物語）』エモーションブックス、二〇一七年、未訳
- スティーヴン・グリーンブラット『一四一七年、その一冊がすべてを変えた』二〇一二年、柏書房、河野純治訳
- Alberto Manguel, *Packing My Library*（蔵書をたたむ）, Yale University Press, 2018, 未訳

・アン・ファディマン『本の愉しみ、書棚の悩み』二〇〇四年、草思社、相原真理子訳
・岡崎武志『蔵書の苦しみ』二〇一三年、光文社
・ウンベルト・エーコ、ジャン＝クロード・カリエール『もうすぐ絶滅するという紙の書物について』二〇一〇年、阪急コミュニケーションズ、工藤妙子訳
・Umberto Eco, *La Bustina di Minerva*（ブックマッチ・メモ）, Bompiani, 2000, 未訳
・이다혜（イ・ダヘ）『아무튼, 스릴러（とにかく、スリラー）』コナンブックス、二〇一八年、未訳
・이동진（イ・ドンジン）『닥치는 대로 끌리는 대로 오직 재미있게（手当たり次第惹かれるがままただ楽しく）』ウィズダムハウス、二〇一七年、未訳
・장정일（チャン・ジョンイル）『빌린 책, 산 책, 버린 책（借りた本、買った本、捨てた本）』（全三巻）、マティ、二〇一〇年、未訳
・ジェヨン『書籍修繕という仕事』二〇二三年、原書房、牧野美加訳
・Joseph Gold, *Read For Your Life*（ビブリオセラピー）: *Literature as a Life Support System*, Fitzhenry & Whiteside Ltd, 2001, 未訳
・ジェーン・マウント『人生を変えた本と本屋さん』二〇一九年、エクスナレッジ、清水玲奈訳
・子安（ツァン）『蔵書票之愛（蔵書票への愛）』金城、二〇一一年、未訳
・Klaas Huizing, *Der Buchtrinker*（読書家）, Knaus, 1994, 未訳
・ピエール・バイヤール『読んでいない本について堂々と語る方法』二〇一六年、ちくま文庫、大浦康介訳

- Library of Congress and Carla Hayden, *The Card Catalog*（カード目録）: *Books, Cards, and Literary Treasures*, Chronicle Books, 2017, 未訳
- Anders Rydell, *The Book Thieves*（本泥棒）: *The Nazi Looting of Europe's Libraries and the Race to Return a Literary Inheritance*, Viking, 2017, 未訳

図書館オタクのための小説

- 김연수（キム・ヨンス）「공야장 도서관 음모 사건（コンヤジャン図書館陰謀事件）」、『스무 살（二十歳）』文学トンネ、二〇一五年、未訳
- 김이경（キム・イギョン）『살아 있는 도서관（生きている図書館）』ソヘムンチプ、二〇一八年、未訳
- 남유하、정해인、문지혁、정명섭、전건우（ナム・ユハ、チョン・ヘイン、ムン・ジヒョク、チョン・ミョンソプ、チョン・ゴンウ）『세상 모든 책들의 도서관（世界のすべての本の図書館）』タリム、二〇二〇年、未訳
- マデレイン・レングル『五次元世界のぼうけん』一九六五年、あかね書房、渡辺茂男訳
- 緑川聖司（作）、宮嶋康子（絵）『晴れた日は図書館へいこう』二〇〇三年、小峰書店
- サラ・スチュワート（文）、デイビッド・スモール（絵）『エリザベスは本の虫』二〇〇三年、アスラン書房、福本友美子訳
- スティーヴン・キング『図書館警察』一九九九年、文春文庫、白石朗訳

- 篠原ウミハル〈図書館の主〉シリーズ、二〇一一～一七年、芳文社
- 有川浩〈図書館戦争〉シリーズ、二〇一一年、角川文庫
- Antonis Papatheodoulou, Dikaios Chatziplis, *The Giving Library*（惜しみなく与える図書館）, Patakis Publishers, 2019, 未訳
- Alexander Pechmann, *Die Bibliothek der verlorenen Bücher*（消えた本たちの図書館）, Aufbau Verlag, 2007, 未訳
- 오수완（オ・スワン）『도서관을 떠나는 책들을 위하여（図書館を去ってゆく本のために）』ナムヨプウィジャ、二〇二〇年、未訳
- ヨースタイン・ゴルデル、クラウス・ハーゲルップ『ビッビ・ボッケンのふしぎ図書館』二〇〇二年、日本放送出版協会、猪苗代英徳訳
- 윤고은（ユン・ゴウン）『도서관 런웨이（図書館ランウェイ）』現代文学、二〇二一年、未訳
- 이주희（イ・ジュヒ）『어서와、도서관은 처음이지?（ようこそ、図書館は初めてでしょう?）』ケアムナナム、二〇二二年、未訳
- チョン・セラン『フィフティ・ピープル』二〇一八年、亜紀書房、斎藤真理子訳
- ジョシュ・ファンク（文）、スティーヴィ・ルイス（絵）『あいぼうはどこへ?』二〇一九年、イマジネイション・プラス、金柿秀幸訳
- Caroline Bongrand, *Le Souligneur*（下線を引く男）, Stock, 1992, 未訳
- Carlos María Domínguez, *La casa de papel*（ペーパーハウス）, Celesa, 2004, 未訳
- 童嘉（トンジア）『圖書館的秘密（図書館の秘密）』遠流、二〇〇四年、未訳

- ポール・オースター『ムーン・パレス』一九九七年、新潮社、柴田元幸訳
- Phaedra Patrick, *The Library of Lost and Found*（忘れ物図書館）, Park Row Books, 2019, 未訳
- Ali Smith, *Public Library and Other Stories*（公共図書館とそのほかの物語）, Penguin, 2016, 未訳

図書館オタク向けの映画

- アイヴァン・ライトマン監督「ゴーストバスターズ」一九八四年
- ベン・ルイス監督「Google and the World Brain（グーグルと知的財産）」二〇一三年
- 近藤喜文監督「耳をすませば」一九九五年
- マリエル・ヘラー監督「ある女流作家の罪と罰」二〇一八年
- フレデリック・ワイズマン監督「ニューヨーク公共図書館　エクス・リブリス」二〇一七年
- 岩井俊二監督「ラブレター」一九九五年
- ジェイク・シュライアー監督「素敵な相棒～フランクじいさんとロボットヘルパー～」二〇一二年
- アラン・J・パクラ監督「大統領の陰謀」一九七六年
- ヴィム・ヴェンダース監督「ベルリン・天使の詩」一九八七年
- ウォルター・ラング監督「おー！ウーマンリブ」一九五七年
- デヴィッド・フィンチャー監督「セブン」一九九五年
- フランク・ダラボン監督「ショーシャンクの空に」一九九四年

・ジョージ・ルーカス監督「スター・ウォーズ　エピソード2／クローンの攻撃」二〇〇二年
・サム・ライミ監督「スパイダーマン」二〇〇二年
・ロベルト・シュヴェンケ監督「きみがぼくを見つけた日」二〇〇九年
・オーソン・ウェルズ監督「市民ケーン」一九四一年
・ブラッド・シルバーリング監督「シティ・オブ・エンジェル」一九九八年
・アレハンドロ・アメナーバル監督「アレクサンドリア」二〇〇九年
・バート・レイトン監督「アメリカン・アニマルズ」二〇一八年
・クリストファー・ノーラン監督「インターステラー」二〇一四年
・コゴナダ監督「コロンバス」二〇一七年
・サイモン・ウェルズ監督「タイムマシン」二〇〇二年
・ブレイク・エドワーズ監督「ティファニーで朝食を」一九六一年
・クリス・コロンバス監督他「ハリー・ポッター」シリーズ、二〇〇一〜一一年
・カート・ミューラー製作総指揮他「ヒルダの冒険」TVアニメシリーズ、シーズン1、二〇一八年

図書館旅行者の座右の書

・キム・ジュンヒョク『楽器たちの図書館』二〇一一年、クオン、波田野節子、吉原育子訳
・スーザン・オーリアン『炎の中の図書館』二〇一九年、早川書房、羽田詩津子訳

・アルベルト・マングェル『図書館 愛書家の楽園』二〇〇八年、白水社、野中邦子訳
・ハーマン・メルヴィル『白鯨』二〇〇四年、岩波文庫、八木敏雄訳
・ホルヘ・ルイス・ボルヘス「バベルの図書館」、『伝奇集』一九九三年、岩波文庫、鼓直訳
・최양숙（チェ・ヤンスク）『내 이름이 담긴 병（私の名前が入った瓶）』マルボル、二〇〇二年、未訳
・Anthony Doerr, *Cloud Cuckoo Land*（理想の国）, Scribner, 2021, 未訳
・ウェイン・A・ウィーガンド『生活の中の図書館：民衆のアメリカ公立図書館史』二〇一七年、京都図書館情報学研究会、川崎良孝訳

この本で取り上げた資料

・Gary Marcus, *Guitar Zero: The Science of Becoming Musical at Any Age*（年齢に関係なく音楽を学べる科学）, Penguin Books, 2012, 未訳
・김민철（キム・ミンチョル）『모든 요일의 기록（すべての曜日の記録）』ブックライフ、二〇一五年、未訳
・김연수（キム・ヨンス）『언젠가、아마도（いつか、たぶん）』カルチャーグラファー、二〇一八年、未訳
・김영하（キム・ヨンハ）『검은 꽃（黒い花）』ポクポクソガ、二〇二〇年、未訳
・김하나 외（キム・ハナ他）『다름 아닌 사랑과 자유（他ならぬ愛と自由）』文学トンネ、二〇一九年、未

訳
- キム・ハナ『話すことを話す』二〇二二年、CCCメディアハウス、清水知佐子訳
- デイビッド・サックス『アナログの逆襲』二〇一八年、インターシフト、加藤万里子訳
- D・カーネギー『人を動かす　文庫版』二〇一一年、創元社、山口博訳
- ロベルト・ムージル『特性のない男』一九九二〜九五年、松籟社、加藤二郎訳
- ルイス・サッカー（作）、矢島眞澄（絵）『トイレまちがえちゃった！』一九九八年、講談社、唐沢則幸訳
- Markus Henrik, *Dr. Pops musikalische Sprechstunde*（ドクター・ポップのミュージカルオフィスアワー）, Verlag, 2021, 未訳
- マーク・ハッドン『夜中に犬に起こった奇妙な事件』二〇一六年、早川書房、小尾芙佐訳
- マデレイン・レングル『五次元世界のぼうけん』一九六五年、あかね書房、渡辺茂男訳
- 三上延、倉田英之『読書狂の冒険は終わらない！』二〇一四年、集英社、
- サーデク・ヘダーヤト『盲目の梟』一九八三年、白水社、中村公則訳
- Shahriar Mandanipour, *Censoring an Iranian Love Story*（イランの検閲と愛の物語）, Vintage, 2010, 未訳
- アレグザンダー・マコール・スミス『№1レディーズ探偵社、本日開業』二〇〇三年、ソニー・マガジンズ、小林浩子訳
- Alex Korb, *The Upward Spiral*（上昇スパイラル）: *Using Neuroscience to Reverse the Course of Depression, One Small Change at a Time*, New Harbinger Publications, 2015, 未訳

- エリック・ラーソン『悪魔と博覧会』二〇〇六年、文藝春秋、野中邦子訳
- エリン・ハンター『ファイヤポー、野生にかえる』〈ウォーリアーズ〉シリーズ、二〇〇六年、小峰書店、金原瑞人訳
- エイモア・トールズ『リンカーン・ハイウェイ』二〇二三年、早川書房、宇佐川晶子訳
- Orhan Pamuk, *Öteki Renkler*（他の色）, İletişim Yayınları, 1999, 未訳
- ウンベルト・エーコ『プラハの墓地』二〇一六年、東京創元社、橋本勝雄訳
- ウンベルト・エーコ『論文作法』一九九一年、而立書房、谷口勇訳
- 은희경（ウン・ヒギョン）「별의 동굴（星の洞窟）」、『중국식 룰렛（中国式ルーレット）』チャンビ、二〇一六年、未訳
- イアン・ランキン〈リーバス警部〉シリーズ、一九九八～二〇一七年、早川書房、延原泰子訳
- ジャネット・ウォールズ『ガラスの城の約束』二〇一九年、早川書房、古草秀子訳
- ジャスティン・リチャードソン、ピーター・パーネル（作）、ヘンリー・コール（絵）『タンタンタンゴはパパふたり』二〇〇八年、ポット出版、尾辻かな子、前田和男訳
- チョン・セラン『フィフティ・ピープル』二〇一八年、亜紀書房、斎藤真理子訳
- Jeanne Bliss, *Would You Do That to Your Mother?*（お母さんにもそうするの?）, 2018, Portfolio, 未訳
- ジェームズ・C・コリンズ『ビジョナリー・カンパニー２ ―― 飛躍の法則』二〇〇一年、日経ＢＰ、山岡洋一訳
- キャスリン・ラスキー〈ガフールの勇者たち〉シリーズ、二〇〇六～一二年、メディアファクトリー、

食野雅子訳
・カート・ヴォネガット『国のない男』二〇一七年、中公文庫、金原瑞人訳
・タイラー・ラッシュ『두 번째 지구는 없다（ふたつ目の地球はない）』二〇二〇年、ＲＨＫ、未訳
・パスカル・メルシエ『リスボンへの夜行列車』二〇一二年、早川書房、浅井晶子訳
・花田菜々子『出会い系サイトで70人と実際に会ってその人に合いそうな本をすすめまくった1年間のこと』二〇二〇年、河出文庫
・ヘンリー・デイヴィッド・ソロー『コンコード川とメリマック川の一週間』二〇一〇年、而立書房、山口晃訳
・ホルヘ・ルイス・ボルヘス「ジョン・ウィルキンズの分析言語」『ボルヘス・エッセイ集』、二〇一三年、平凡社、木村榮一編訳
・リー・アンクリッチ監督「リメンバー・ミー」二〇一八年（映画）
・*The New York Public Library Desk Reference*（ニューヨーク公共図書館卓上便覧）, Hyperion, 2002, 未訳

図書館旅行者の書斎

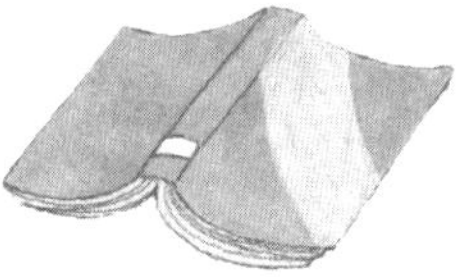

訳者あとがき

本書は、アメリカの公共図書館で司書として勤めた著者のエッセイだ。司書目線で語る図書館の日常と世界中の図書館にまつわる興味深いエピソードの数々は、新たな視点で図書館を見つめるきっかけを与えてくれる。

著者のパク・キスク氏は、韓国の淑明女子大学文献情報学科を卒業後にアメリカのシラキュース大学情報大学院に留学し修士号を取得。帰国後にIT開発者としていくつかの企業で働いた経験を持つ。その後再びアメリカへわたり、カリフォルニア州オレンジカウンティの公共図書館で司書として働き始めた。著者はまた、世界各地の図書館を訪ねて旅行を楽しむ図書館愛好家でもある。「図書館旅行者」のハンドルネームでSNSで発信していたのが書籍編集者の目に留まり、二〇二二年秋に『도서관은 살아 있다（図書館は生きている）』が韓国の出版社である図書出版マティから刊行された。

誰しもそれぞれ図書館に関する思い出があることだろう。学校の図書室で本を借りた日のこと、ずらりと本が並んだ書架の中から探していた一冊を見つけたとき（またはなかなか見つけられないとき）の気持ち、閲覧室の隅っこで誰にも邪魔されずに本を読んだ時間、あるいは子育てをするようになってから、地域の図書館で子ども用の絵本や紙芝居を借りた経験など。しかしここで紹介されている図書館の姿は、おそらくそうした一般的な図書館のイメージとはやや異なるのではないだろうか。驚いたり、おかしくて笑ったり、ほろりとしたり。本書には、本以外にも楽器などを貸しだす図書館の話や、図書館ねこの存在など、ほほえましいエピソードに交じって、蔵書の廃棄や禁書をめぐる荒唐無稽な検閲の事例なども紹介されている。

司書がレファレンス・サービスや利用者からの質問に対応する話を読んで、私も自宅近所の図書館でレファレンス・サービスをお願いしてみたところ、数日後に私の予想を遥かに上回る詳しい資料を提示してくださった。約一五〇年前の出来事に関する私の疑問に対して、関連情報をつぶさに検証する司書の方々のプロ意識に感服すると同時に、「図書館の本気」を見た気がした。私は、本書に引用された「グーグルは一〇万個の答えをくれるが、司書は正解を教えてくれる」というニール・ゲイマンの言葉を思い出し、我が街にもこのように素晴らしい司書たちがいることを嬉しく思った。その後もレファレンスをお願いする度に、いつも正確な情報とともに複数の参考図書を教えてくださり、今では絶大なる信頼を寄せている。

図書館はただ本を借りるだけの場所ではなく、誰でも自由に出入りできる公共の居間であると著者はいう。確かに公共図書館ほどあらゆる年代の人が交わり、雨風を凌げる無料の場所はあまりないかもしれない。設計の段階からホームレスが主な利用者であることを認識して、あらゆる面で配慮を施したシアトル中央図書館のエピソードは、政策や福祉面のみならず建築面においても公共空間のあるべき姿を追求する必要性を教えてくれる。ホームレス状態にある人を市民として当然に包摂する建築家たちに私たち利用者が学ぶ点は多い。

本書には取り上げられていない日本の図書館の現状にも目を向けてみたい。二〇二三年七月に発行された『図書館年鑑2023』(日本図書館協会)によると、二〇二二年四月一日現在、国内の公共図書館は三三〇五館となっている。この二〇年間で五九四館増え、蔵書冊数も約一・五倍に増加した。岡本真・ふじたまさえ著『図書館100連発』(二〇一七年、青弓社)では、川に面したロケーションを活かしてバードウォッチングを楽しめるたつの市立揖保川図書館(兵庫県)、心地いいBGMの流れる東近江市立永源寺図書館(滋賀県)、コンビニエンスストアに返却用ブックポストを設置して利便性を向上させた水俣市立図書館(熊本県)、交通手段のない高齢者のいる施設や個人宅で、図書の貸出と返却を仲介し、本の読み聞かせや希望者には話し相手になるサービスを提供する富士見町図書館(長野県)など、利用者のためにさまざまな工夫をこらしている図書館を取り上げている。

石川県立図書館は、私が特にお勧めしたい図書館だ。「県民の多様な文化活動・文化交流の場として、県民に開かれた『文化立県・石川』の新たな〝知の殿堂〟」を基本コンセプトとするこの図書館は、外観や内装が美しいだけでなく、広いフロアに見渡しやすい書架、テーマごとに分けられたわかりやすい展示、館内のいたるところに設置された座りやすい椅子、読書灯とコンセントを備え付けた机など、そこを訪れるすべての人を歓迎しているようなとても居心地のよい空間だった。二〇二三年夏に訪れたとき、隣接する文化交流エリアは休館日を除く平日は午後九時まで、週末や祝日は午後六時まで解放されていて、たくさんの市民や若い学生たちが勉強していた。将来、成長した彼らの思い出に残るであろうこの図書館の姿をつい想像してしまうほど強く印象に残った。

本書で紹介しているコロナ禍での図書館の奮闘を読むと、図書館がコミュニティの中で重要な役割を果たしていることが分かる。日本でも、二〇一一年三月に起こった東日本大震災で多くの被災者が避難生活を送る中、岩手・宮城・福島の図書館員たちが自らの仕事にいかに取り組んだかを紹介している本がある。大震災の発生から九年後に出版された『東日本大震災あの時の図書館員たち』(二〇二〇年、日本図書館協会)は、当時の図書館員がそれぞれ何を感じ、どう行動したかを記録に残したものだ。全壊した図書館、建物は残ったものの貴重な資料がすべて流失した図書館、移動図書館を待ちわびていた大勢の市民、避難所での生活で読書が心のよりどころとなった人々。本は大人だけでなく子どもたちの心も和らげる役割を果たしたことなどを知り、趣味の読書は不要不急の娯楽かもしれないけれど、多くの人にとってはライフラインのようなものなのかもしれないと思った。こうした貴重な記録は、地域コミュニティの意義や図書館の多様な社会的機能に気づかせてくれる。

図書館はまた、利用者の知る権利を守り、権力による検閲から個人情報を守る良心の砦だ。しかし図書館のこうした役割にもかかわらず関連予算は削減され続けている。この二〇年間で国内にある公共図書館の専任職員数は三分の一以上減り、経常的経費として計上される資料費予算も二〇パーセント近く削減されている。

「政策の決定権を持つ人たちの認識が足りないと図書館は必ず衰退する。しかし地域の人々の関心とサポートがなければ図書館は消えてしまう」（本書一七四ページ）

図書館を愛する利用者として、この言葉をいま一度心に刻みたいと思う。

本書を翻訳するにあたり、いくつもの質問に答えてくださった著者の図書館旅行者ことパク・キスクさん、丹念に編集してくださった原書房の相原結城さん、文献調査ならびに資料整理に関して多大なるサポートをくださった柳幸男さんにお礼申し上げます。

最後に、図書館についての疑問やレファレンスの依頼にいつも丁寧に対応してくださる京都市中央図書館の司書のみなさんとスタッフのみなさんに心から感謝します。

あなたたちは我が街の誇りです。

二〇二三年一一月

柳美佐

図版について

p.202 トリニティ・カレッジ図書館 ©iStockphoto
上記以外はすべて著者提供

著者｜パク・キスク 朴基淑

韓国・淑明女子大学文献情報学科卒業。米国・シラキュース大学情報大学院　文献情報学修士課程修了（修士）。サムスンSDSにて開発と海外マーケティングの業務に就いたのち、カリフォルニア州オレンジカウンティにある公共図書館で司書として勤務した。「図書館旅行者」というハンドルネームで、図書館愛好家・批評家としてSNSで評判となる。図書館オタクを自称し、世界中の図書館を訪ねて旅行するのがライフワーク。趣味はギター演奏。カリフォルニアで夫とこども二人との四人暮らし。図書館で人生を読み、人生から図書館を読む旅行者。図書館がよりよい世界を創ると信じる図書館活動家。引き出しからカード目録を探すアナログ時代の図書館を知る幸運な世代。現在は司書たちが憧れてやまない図書館利用者。
Instagram　@library_traveller

訳者｜柳美佐（りゅう・みさ）

韓日翻訳者。同志社大学嘱託講師。京都大学大学院 人間・環境学研究科博士後期課程単位取得退学。第6回「日本語で読みたい韓国の本 翻訳コンクール」で最優秀賞受賞。訳書に金薫著『火葬』(2023年、クオン)がある。

図書館《としょかん》は生《い》きている

2023年11月27日　第1刷
2024年 6月20日　第2刷

著 者 ……………パク・キスク
訳 者 ……………柳《りゅう》美《み》佐《さ》
ブックデザイン ……永井亜矢子(陽々舎)
カバーイラスト ……中島梨絵
発行者 ……………成瀬雅人
発行所 ……………株式会社原書房
〒160-0022 東京都新宿区新宿1-25-13
電話・代表　03(3354)0685
http://www.harashobo.co.jp/
振替・00150-6-151594
印 刷 ……………新灯印刷株式会社
製 本 ……………東京美術紙工協業組合

ISBN 978-4-562-07367-2 Printed in Japan